高校体育教学的创新与改革

高奎峰　胡光辉　王　波　著

哈尔滨出版社
HARBIN PUBLISHING HOUSE

图书在版编目（CIP）数据

高校体育教学的创新与改革／高奎峰，胡光辉，王
波著. -- 哈尔滨：哈尔滨出版社，2025. 1. -- ISBN
978-7-5484-8189-8

Ⅰ. G807.4

中国国家版本馆 CIP 数据核字第 2024DQ9870 号

书　　名：**高校体育教学的创新与改革**
GAOXIAO TIYU JIAOXUE DE CHUANGXIN YU GAIGE

作　　者：高奎峰　胡光辉　王　波　著

责任编辑：李金秋

出版发行：哈尔滨出版社（Harbin Publishing House）

社　　址：哈尔滨市香坊区泰山路 82-9 号　邮编：150090

经　　销：全国新华书店

印　　刷：北京鑫益晖印刷有限公司

网　　址：www. hrbcbs. com

E - mail：hrbcbs@ yeah. net

编辑版权热线：（0451）87900271　87900272

销售热线：（0451）87900202　87900203

开　　本：880mm×1230mm　1/32　印张：4.75　字数：110 千字

版　　次：2025 年 1 月第 1 版

印　　次：2025 年 1 月第 1 次印刷

书　　号：ISBN 978-7-5484-8189-8

定　　价：58.00 元

凡购本社图书发现印装错误，请与本社印制部联系调换。

服务热线：（0451）87900279

前　言

在当今社会,高校体育教学正面临着前所未有的挑战与机遇。随着教育理念的不断更新和科技的飞速发展,传统的体育教学模式已经难以满足新时代的需求。因此,对高校体育教学进行创新与改革,显得尤为重要且迫切。高校体育教学的创新与改革,不仅关乎学生的身体健康和全面发展,更是培养新时代人才、提升国民整体素质的重要一环。在这一过程中,我们需要深入探索体育教学的本质和规律,积极引进先进的教学理念和方法,紧密结合时代特点,构建出符合现代教育趋势的体育教学模式。本书旨在系统阐述高校体育教学的创新与改革,从教学理念、教学模式、教学方法到教学管理等多个层面进行深入研究。我们希望通过这些探讨,能够激发更多教育工作者对体育教学改革的热情和思考,共同推动高校体育教学事业的蓬勃发展。

全书共分为六章,全面而系统地探讨了高校体育教学的各个方面。第一章深入挖掘了教学的理论基础,为后续章节提供了坚实的支撑。第二章到第四章,重点研究了现代教育背景下的教学理念与创新、多种教学模式的探索和教学方法的改革与创新,展现了高校体育教学的多元化与创新性。第五章转向教学管理改革创新研究,提出了"互联网+"时代下的体育管理改革策略。第六章聚焦于教师专业素养,探讨了教师培训、学术交流、教学研究与科研成果转化的途径。这一系列章节,从理论到实践,旨在为高校体育教学提供全方位的指导,以推动教学质量的提升和学生全面发展。

目　　录

第一章　高校体育教学的理论基础

第一节　高校体育教学的基本理念

一、"健康第一"理念

在以往人们的意识中,健康就是没有疾病,是单纯身体上的健康。世界卫生组织提出,健康不仅限于身体上没有疾病,更要具备健康的心理、能够适应社会的良好道德。健康对于人的一生而言,有着十分丰富的内涵。健康是人们共同的追求,但是真正的健康并不是人们传统意识中身体上的健康,而是在心理、心灵智力及道德等多个方面的健康,其社会学含义十分丰富。基于此,高校体育改革也有了十分重要的意义。

经济水平的上升促使了人们生活条件的改善。现阶段大学生的身体健康问题已经十分突出,在大学生体质测试中耐力、力量、爆发力及坐位体前屈等方面的指标都开始退步;大学生视力问题也更加明显;肥胖不仅仅是中老年人需要面对的问题,已经成为大学生群体中十分常见的一种现象。

(一)"健康第一"理念指导体育教学

"健康第一"这一理念是根据我国大学生身体实际状况提出的,更是实现现代化教育的基本诉求。针对全国学生体质与健康

6次普查结果进行分析可知,现代大学生的身体素质下降十分严重,肥胖、超重及视力不良的比例也在不断地提升,这不仅会严重影响学生的学习,并且对学生未来的生活及工作都会产生影响。站在长期发展的角度进行分析,这必然会对我国新生劳动力的素质产生影响。因此,高校开展体育教学改革的过程中,应当将"健康第一"的理念充分贯彻落实在教学中,提升教学质量,为学生的长远发展提供充分的保障。"健康第一"理念的落实还需要依托于"终身体育"及"素质教育",体育教学的最终目标就是健康,但是健康不仅包含身体方面,同时还包含社会及精神层面的因素。为了充分实现大学生的健康教育,则应当对素质教育报以高度重视。另外,健康是伴随人们一生的重要内容,大学生树立终身体育意识有着十分重要的作用。因此,终身体育、素质教育与"健康第一"理念之间存在着密不可分的联系,为了保障"健康第一"的教育目标真正实现还应当切实做好终身体育及素质教育。相应地,只有始终坚持"健康第一"理念才能够实现素质教育和终身体育。

(二)围绕"健康第一"理念完善课程设置

当下在进行体育教学的过程中,很多高校的课程设置基本上都是以教育部的要求为准,体育课程是大一与大二的必修课,对于大三及以上的学生则是选修。应当积极改变这种教学模式,大学体育是终身体育的组成部分之一,现代体育课程的基本要素就是确保体育课程的延续性,只有充分保障其自身的延伸性,才能够确保将"健康第一"的宗旨充分贯彻到实处。目前体育教师在授课的过程中,主要作用是发挥学生的主体性,进行开放式、探究性的教学,教师的主导地位和作用在课堂中体现较少。在体育教学的课堂中,"教"与"学"其实是冲突的。这个矛盾双方之间的地位是可以相互转换的,但是"教"又是矛盾的组成部分,决定着学的好与坏。所以,体育教学中老师的主导性作用充分发挥有着十分重要的价值。即使是在"三自主"教学的大背景下,学科老师的有益指导仍发挥重要作用。高校也要针对身体异常的学生,有计划地开设卫生保健、康复课等多门课程,增强学生的体质,真正实现"健康第一"的教学目标。

(三)围绕"健康第一"理念完善课程内容和教学方法

教学内容方面,要真正反映"健康第一",还应该注意做好各阶段的教学内容的衔接,避免不必要的重复。将少数民族的优秀传统体育艺术内容纳入体育教学,积极开展太极拳、五禽戏、武术等优秀传统的体育艺术活动教学,在弘扬中华民族优秀传统的同时也能达到"健康"的宗旨。同时,体育教学也可吸收和借鉴西方国家的体育文化精髓,充实体育教学课程。不断完善和创新教学手段,形成个性化、多样化教学,鼓励不同班级的学生进行互动和交流,从而提高学生自主参与的积极性。如牡丹江师范学院开展了"同助教学法"(在老师的主持下,学生在课堂上互相帮助、纠正、激励、启发,课后互相辅导、同学之间进行切磋的一种互帮互学的教学方法),在实际的教学中,这种方法可以产生良好的教学效果,值得学习。

二、人文教育理念

(一)人文教育理念融入高校体育教学的意义

1. 促使体育教师创新教学理念

随着人文理念在体育教育中的渗透,体育教师们开始重新审视自己的教学理念。传统的体育教学往往偏重技能和体能的训练,而忽视了学生的心理需求和情感体验。然而,当人文理念与体育教学相融合,教师们便能更加深刻地认识到体育教学的状态与走向,以及体育教育对学生全面发展的重要性。这种融合促使教师们调整指导方向,从单一的技能传授转向更为全面的教育引导。他们开始制订新的活动方案,这些方案不仅注重学生的体能训练,还充分考虑学生的心理健康、情感需求以及社会适应能力。在这样的教学理念指导下,体育教学不再是简单的身体锻炼,而是成为一种全面的教育方式,旨在培养身心健康、具有社会责任感的人才。

2. 缓解学生学习压力

当代大学生面临着前所未有的学习压力。随着社会竞争的日益激烈,文化课的学习任务越来越重,许多学生在身体和心理上都承受了巨大的负担。然而,体育教学融入人文情怀后,为学生们提供了一个释放压力的出口。在体育运动中,学生们可以暂时放下繁重的学业,通过身体的运动来释放积累的压力。同时,体育活动中的团队合作和竞技精神也有助于化解学生的消极情绪,提升他们的自信心和抗压能力。这样,体育教学不仅锻炼了学生的身体,更在心灵上给予了他们莫大的慰藉和支持。

3. 引导学生构建正确价值观

体育教学与人文理念的结合,还在引导学生构建正确价值观方面发挥了重要作用。在体育活动中,学生们能够深刻体会到集体意识和团队精神的重要性。他们学会了如何在团队中发挥自己的作用,如何与他人协作以达成共同的目标。这些体验不仅让学生们认识到了团队合作的价值,更在潜移默化中影响了他们的价值观念。他们开始更加重视集体的力量,更加珍惜与他人的合作关系。同时,体育活动中的公平竞争和遵守规则的精神也引导学生们形成了正直、诚信的品质。此外,人文理念在体育教学中的渗透还帮助学生们避免了不良价值观的诱导。在复杂多变的社会环境中,学生们面临着各种价值观的冲击和影响。然而,通过体育教学中的人文教育,能够更加清晰地认识到哪些价值观是值得坚守的,哪些是需要警惕和抵制的。

(二)人文理念融入高校体育教学的原则

1. 遵循以人为本的原则

以人为本的原则能够推动学生全面发展,这一理念理应受到教育工作者的重视。在以人为本这一理念的驱动下,教师在教学过程中会更加重视学生的主体地位,更加关注学生的真实感受和诉求、注重其个性化发展、了解学生情绪变化情况,从学生需求出发为其提供人性化的教学环境,实施人性化教学。以人为本的教学原则推动体育教学根据学生发展规律实施课程教学,不同阶段学生存在着自身的发展特点,即使是同一个阶段的学生,在个体发展的过程中也存在明显差异。实施课程教学时要尊重学生自身发展的相关规律,从而促进学生循序渐进地发展。以人为本的教学原则强调学生是独立个体而非依附父母的存在,教学时要尽可能避免将外部的需求强加到学生身上,宜根据学生的特点和兴趣因材施教。

2. 科学性与人文性的原则

科学性与人文性并重的体育教学是体育价值的充分体现,也是教学行为与教学理念的有效整合。体育作为一门建立在自然科学基础上的学科,涉及遗传学、生理学、心理学、训练学等学科的内容,体育教学是使学生在认知的过程中完成对运动知识、技能技巧、情绪情感等内容的学习,所以体育教学需要遵循科学性的原则。同时,从体育教学的内容来看,它具有特定的体育文化知识;从体育教学的功能来说,体育不仅是提高学生身体素质、运动技能的有效方式,也是促进价值观形成、增强社会体验、塑造良好性格等非智力素质培养的重要举措。所以,在体育教学中也需要突出人文性的原则,实现学生人文素质的全面提升。

(三)高校体育教学落实人文理念的策略

1. 创设人文体育教育环境

人文体育教育环境是体育精神融入教育教学过程的重要基础。在师生共同构建的充满人文关怀的体育教育环境中进行体育教学、开展体育活动,能对学生的终身体育观念产生深远影响,从而可以再次促进学生人文素养的提升。人文体育教育环境包括以下两方面。一是"外环境"——校园人文环境。在充分利用校园自然环境、体育基础设施与相关资源的基础上实施增设体育类图书的专题展览,举办体育专项讲座,开展体育知识竞赛,选拔年度体育明星等措施,多途径优化校园体育与人文环境的融合,提高学生的人文素养,让学生在体育学习和锻炼的过程中得到快乐的体验。二是"内环境"——课堂人文环境。一方面,体育教师要设定适合学生的课堂学习目标,让学生通过参加难度适宜的体育运动获得成功的喜悦和战胜困难的勇气;另一方面,体育教学要突出综合性、科学性的教学评价考核方式,可以根据学生情况分层级划定考核标准,也可以进行多维度考核内容设定,既需要对学生进行体育知识、技能的掌握情况定量考核，又需要对其进取意识和合作精神进行定性评价，为体育课堂教学营造良好的氛围，保障体育教学目标的顺利实现。

2. 完善高校体育教学内容

体育教学过程中融入人文理念需要更新体育教学内容，在教学内容不断完善的基础上承载人文理念教学内容。第一，体育理论知识与人文理念融合。在西方竞技体育知识的基础上可以增添地方特色体育项目教学内容的介绍，比如中国与乒乓球项目、大连与足球项目、北京与冰雪项目等，帮助学生了解体育教学的相关理论知识与人类发展历史之间的联系，了解体育项目的来源和发展历程等；还可以增加民族传统体育项目教学内容的解读，让学生领会"礼让谦和"的道德观，形成"兼容和谐"的价值观，增强学生人文素养培养，使学生认识到体育自身所包含着的价值，进而全身心投入体育课程中进行理论知识学习。第二，体育实践过程中融入人文理念。体育实践是在掌握基础知识的前提下，对具体项目、竞技内容的身体实践，教学内容的安排需要在有效促进高校体育教学内容扩展的基础上推动其创新发展，比如针对学生未来发展可以在体育实践过程中增加拓展训练内容，发掘其实用性与娱乐性的双重功能，增强学生的抗挫折能力，培养学生坚强的毅力，使体育教学人性化的特点更加显著，促进学生人文素质有效提升。除此之外，在体育教学实践中还可以结合榜样作用为学生加强精神方面的示范和鼓舞。

3. 注重学生的心理辅导

人文教育理念实际上就是加强对学生各方面的关心，其中学生的心理问题必须引起教师的重视。体育与文化课不同，体育成绩的好坏,不仅仅是取决于学生后天的努力,跟学生先天的一些身体状况及兴趣爱好也有着很大的关系。但是大学生好胜心强,如果学生在体育水平方面存在较大差距,就会给部分学生造成极大的心理压力。因此,在开展体育竞赛的过程中,教师需要对一些不擅长竞赛或者成绩不好的学生进行心理辅导,引导学生正视自己的长处和短处,让学生学会从失败中汲取经验,帮助学生排解消极情绪,培养学生积极向上的心态,保证其健康成长。

4. 教学方法的人文渗透

要想真正实现人文理念与高校体育教学的结合,必须将人文理念渗透到体育教学的方式与过程之中。对此,高校体育教师可以采取以下三种策略:其一,扩充高校体育教学的内容,体现体育教学内容的多样性,让学生有自主选择体育项目的机会,最大限度地满足学生的兴趣与发展需求;其二,在教学过程中加强和学生的互动,多和学生进行知识、技能与情感上的交流,比如通过组织游戏来增进师生之间的情谊,这不仅能够提升大学生参与体育活动的积极性,而且能够帮助教师在此过程中获取教学意见,有利于教师完善教学工作;其三,教师在教学过程中要学会运用幽默的方法和手段,以幽默艺术为体育课堂营造活泼愉快的氛围,从而缓解体育测试带来的压抑感,缓解学生的紧张情绪,让学生能够在一种放松、自信、愉快的状态下参与体育训练和比赛。

三、终身体育理念

(一)终身体育意识的概念和特点

终身体育意识具体表现在思想和行为上面。在思想上,就是对体育有正确的认知,了解体育事业发展的目的和重要性,了解个体参加体育运动的重要意义并对体育有一定的感情和意志;在行为上,是指对体育事业能够做出一定的贡献,能够积极参与体育活动。

终身体育意识具有三个十分明显的特点,那就是稳定性、间歇性和促进性。稳定性是指终身体育意识一旦形成,就会贯穿人的一生,不会被轻易动摇;间歇性是指个体处在人生的不同阶段,面临不同的境遇,会产生不同的思想,对终身体育的看法、执行程度也是不一样的;促进性是指人们在形成终身体育意识之后,在终身体育意识上会有更加积极乐观的态度,从而促使人们积极参与体育活动。

(二)终身体育理念融入高校体育教学的意义

1. 使学生持久受益

终身体育因为具有永久性,所以受到广泛关注。这里所说的永久性是指,终身体育意识一旦形成,就很难发生改变,终身体育意识的形成对个体能够发挥永久的作用。树立个体的终身体育意识,是体育锻炼的最终目标,因为终身体育意识可以帮助人们强身健体、愉悦身心,并培养韧性和耐力,提升品德素质,使其受益终身。因此,大学作为学生走向社会的最后一道教育保障,在大学期间培养学生的终身体育意识是十分重要的。

2. 促进教学改革

接受大学体育教育的学生,除了少部分具有体育专业背景,需要专注于体育学科的学习之外,其他大部分都是没有体育专业背景的普通学生。所以,大学体育教学的主要目的并不是让学生掌握多少体育知识和技能,而是要培养学生终身体育的理念,引导学生形成正确的体育锻炼价值观。这样,学生在将来走出校门、走进社会,才能依然关注自身身体健康,积极参加体育锻炼,从而让学生受益终身,这样才能真正实现高校体育教学的价值。

而要想达成培养学生终身体育意识的目标,一些传统的教学观念和方法就不能再使用,教师必须根据教学目标和学生的各方面特点及需求来加强对教学内容方法和模式的创新与改革,使高校体育教学更符合当前教育背景,满足学生的发展需求。所以说,终身体育理念对体育教学改革具有一定促进作用。

3. 使学生需求与社会发展同步

随着我国经济的快速发展,人们的生活质量有所提升,除了追求较好的物质生活外,开始意识到身体健康的重要性,体育锻炼的意识明显增强,在此背景下,社会群体对体育学习的需求大大增加。因此,将终身教育理念融入高校体育教学是我国教学改革发展的必然趋势。终身体育理念是现代社会发展的需求,大学的主要任务是为社会培养全能型人才,是衔接学校和社会的桥梁,所以大学体育教学必须进行优化和改革,比如推动高校体育教学多目标及多功能的发展。面对传统的体育教学理念及模式,学生在学习体育的兴趣与积极性方面存在严重不足,这就需要高校工作者及时革新体育教学理念,针对应时、应地、应人的特点和实际需求采用区别对待原则进行开展,这样才能使终身体育理念有效地满足大学生的需求,进而对高校体育的教学与时代的发展起到促进作用。

（三）高校体育教学落实终身体育理念的策略

1. 课堂教学方面

（1）将终身体育理念渗透到高校体育课堂教学中

在高校体育教学实践中,作为教师,必须遵循教育的基本规律和原则,比如对学生进行区别对待,采取因材施教的手段等,并根据终身体育的内涵对学生进行思想上的引导和教育,深化学生对终身体育理念的认识;教师要通过教学方法的创新和改革,从不同的角度和层次出发,让学生真正意识到体育运动对自身成长和社会发展的意义,同时教师要把正确的、科学的体育运动方法和技巧传授给学生,促进学生健康生活方式的养成,并培养学生体育锻炼的良好习惯,让体育活动成为学生日常生活的重要组成部分。

（2）教学模式的不断创新

在终身体育理念下,高校体育教学必须重视对教学模式的创新和探索。作为教师,必须不断反思当前体育教学模式中存在的问题,并积极吸取新的经验和方法,对教学模式进行创新、改进和完善。当前,一些高校开始实行自助式体育教学,这种教学模式最明显的特征就是充分尊重学生的自主性,真正以学生为中心,学生可以根据自己的兴趣爱好和时间安排来选择合适的体育项目。一方面可以唤起学生的学习热情,提升学生在体育课堂的参与度,让学生能够带着兴趣和愉悦的心情完成学习与训练;另一方面,兴趣与特长有着密切的关系,学生凭借兴趣选择的某个体育课程,通常是自己擅长的,所以这种自助式体育课堂有助于发挥学生的特长、发掘学生的潜能,让学生得到更充分的锻炼与成长,从而有效提升高校体育教学的实效性,促进学生终身体育意识的形成与强化。

（3）教学方法的不断完善

教育的最难之处并不在于教给学生某些知识和技能,而在于对学生意识、观念的培养,在体育教学中也是如此。体育相关的知识和技能并不难教,难的是如何让学生形成终身体育的意识,能够对体育运动保持热爱和执着。要想实现这一目标,教师就要注重教学方法的不断完善。在高校体育教学过程中,教师不能把所有关注点都放在知识和动作的讲解上,还要对一些技术技巧、运动项目的起源发展、技术的实战应用等内容进行讲解,并适当引入视频、游戏、互动等教学资源和形式。只有这样,才能不断创新和优化体育教学方法,使教学内容更加丰富和多彩,使体育课堂保持新鲜和活力,进而保护学生参与体育课堂的积极性,提升学生的学习兴趣,进而为学生的终身体育意识奠定坚实的基础。

2. 校园体育运动氛围方面

良好的校园体育运动氛围对于学生自主养成终身体育意识具有潜移默化的功能,这就需要对于高校体育运动氛围的营造做出一些改善,以对学生终身体育意识的养成起到促进作用。

（1）教学与课外活动相结合

一般高校的体育课每星期仅有一节,所以相比于体育课堂,课外活动才是大学生进行体育锻炼的主要部分。因此,高校体育课外活动必须引起足够的重视。在高校体育课堂教学中,教师必须充分利用珍贵的上课时间,给学生传授体育锻炼相关的健康知识和技能,着重提升学生的能力和技巧,并激发学生参与课堂体育活动的兴趣。通过教学与课堂活动的有机结合,可以增强高校体育运动的氛围进而才能有效培养学生的终身体育意识。

（2）拓宽体育参与形式

相比于文化课,体育具有较强的多元性和开放性。所谓多元性,是指体育教学内容丰富多样,不局限于某个项目,而参与体育运动的学生在体能、兴趣、特长等方面也体现了多样性;开放性是指体育教学不必像文化课教学那样过于死板,不必拘泥于传统的、常用的教学方法和模式,只要对学生有益、对教学目标的实现具有促进作用,教师就可以采取新颖的教学方式。一方面可以引导学生充分利用闲暇时间,另一方面可以把具有相同爱好的人聚在一起,让学生能够跟志同道合的人一起交流和学习。此外,教师还可以组织学生举办一些体育竞赛活动,鼓励学生积极参与,让学生在比赛的过程中发现自己的不足、认识到自己的弱势,从而激发学生的学习动力。总而言之,高校体育教师在教学过程中必须充分体现体育课程的多元性和开放性,要通过教学活动的构建,拓宽体育参与形式,营造体育运动的氛围,让每名学生都能找到适合自己的体育锻炼平台,并让学生在不断学习和训练的过程中形成终身体育的意识。

(3)增加宣传形式

宣传也是教育的一种主要手段,只要方法得当,宣传可以起到很好的潜移默化的效果,促进学生思想意识和行为习惯的改变。所以,在高校体育教学中,为了落实终身体育理念,教师可以采取宣传的教育形式。教师可以利用现代多媒体技术来制作宣传视频,视频中可以多加入一些新闻发言人、体育风云人物的内容,借此提升学生的兴趣。教师可以组织体育专题讲座、体育知识系列讲座,以此为媒介进行体育文化宣传。教师可以充分发挥环境的作用,比如在操场、体育馆等地方张贴体育相关的标语,借此营造体育运动的氛围,让学生在无形中认识到体育锻炼的重要性,形成终身体育的意识。

表 1-1　校园体育运动氛围方面

策略方向	具体措施	预期效果
教学与课外活动结合	1. 在体育课堂中传授健康知识和技能。 2. 激发学生参与课堂和课外体育活动的兴趣。	1. 提升学生体育技能和健康知识水平。 2. 促进学生积极参与体育活动,形成运动习惯。
拓宽体育参与形式	1. 引导学生利用闲暇时间进行多样化的体育活动。 2. 组织体育爱好小组,提供交流与学习的平台。 3. 举办体育竞赛活动,鼓励学生参与。	1. 满足不同学生的体育兴趣和需求。 2. 增强学生的团队协作能力。 3. 激发学生的学习动力和自我提升意愿。
增加宣传形式	1. 制作并播放宣传视频,加入新闻发言人、体育风云人物内容。 2. 组织体育专题讲座和体育知识系列讲座。 3. 在操场、体育馆等张贴体育标语。	1. 提升学生的体育兴趣和关注度。 2. 加深学生对体育文化的理解和认同。 3. 营造积极的校园体育运动氛围,促进学生形成终身体育意识。

第二节　高校体育教学的基本模式

一、构建高校体育教学模式需注意的问题

(一)提供制度保障

当前,高校体育教学课程内容比较陈旧、单调,学生缺乏运动的积极性,且体育教学缺乏完善的管理制度,不利于体育育人功能

的发挥。因此，不断完善高校体育育人管理制度至关重要。高校要重视体育课程的改进和创新，在课程建设过程中，要遵循学生的心理需求，详细了解学生的兴趣爱好，以此为依据在课程中增设学生喜爱的体育项目，如游泳、健美操、网球、武术等，唤起学生参与体育运动的热情，让学生在学习和锻炼中感受运动的魅力，从而在潜移默化中实现体育的育人功能。重视体育制度建设。高校体育教学的开展需要完善的制度来保障，只有这样，才能保证体育教学的规范性和有效性、才能更好地发挥体育的育人功能。因此，高校要积极开展体育制度建设，如体育设施管理制度、体育人员管理制度、体育活动开展流程等，推动体育教学的规范化和程序化。

（二）营造良好的氛围

氛围对学生的心理和行为有着较大的影响，所以通过营造某种氛围来达成育人的目的一直以来都是学校经常使用的手段。在高校体育教学中，教师不妨通过营造氛围来唤起学生参加体育运动的热情。基于此，高校要将体育教学作为学校建设的重点工作来抓，在学校范围内采取各种方法鼓励体育活动的开展，让学生有更多的机会参与运动，在运动中不断发展和完善自我。一方面，高校必须进一步加强对体育育人的重视程度，要不断完善体育设施和师资配备，要根据实际学情不断扩充体育教学的内容、改进体育教学的形式，让学生爱上体育，积极参与体育运动；另一方面，高校要组织形式多样的体育活动，让学生在比赛或对抗中促进身心发展，形成正确的价值观。例如学校可定期组织运动会、篮球比赛、足球比赛、田径比赛、体育文化节等，还可以鼓励学生成立各种体育社团，让学生有尽可能多的机会参与体育运动，在运动中促进学生体力、脑力、言行和意志的发展，促进学生身心健康成长。

（三）强调学生的主体地位

针对体育育人活动中主体错位的问题，体育教师必须积极转变自身的育人角色，着重强调学生在课堂上的主体地位。一方面，在体育课堂上，教师要为学生预留自主活动的空间，而不是一味地让学生参加教师设计的体育活动，这样学生可以按照自己的兴趣偏好和身体素质选择合适的体育项目。同时，体育教师要更多地关注学生的课堂表现及德育素质方面的内容，如学生参与体育运动的频率积极性，是否遵守规则等，对于学生在活动中暴露出的不足，教师可以及时纠正实施有针对性的体育教育。另一方面，要不断丰富学生课外体育活动的内容和形式，学校可以依托体育社团等组织，让学生参加更多的课外体育活动，从而更好地发展学生的体育个性化素质，增强学生在学校体育育人活动中的主体地位。

（四）培养专业的师资队伍

在高校体育教学中，教师的个人素质起着关键性作用，不仅对体育教学质量有整体的影响，同样影响着体育育人功能的实现。专业的教师可以在体育运动过程中科学地融入育人内容，潜移默化地促进学生的身心健康发展，因此培养专业的体育教师队伍势在必行。一方面，教师要建立体育育人观念，不能仅仅将体育教学局限在教授运动技能方面，而应该认识到体育在育人方面的重要作用，并在课程设计、活动组织、体育锻炼方面有意识地对学生进行引导，培养学生坚强的意志、高尚的德行、健康的心理等，促进学生的全面发展；另一方面，体育教师要不断完善和充实自己，提升自身的综合业务能力，体育教师要深入学习体育育人的理论知识，对体育育人建立科学的理解和认知，为教学实践提供理论基础的同时紧跟时代发展,不断创新教学内容和方式,切实发挥体育的育人功能。

(一) 提供制度保障

(二) 营造良好的氛围

(三) 强调学生的主体地位

(四) 培养专业的师资队伍

图1-1　构建高校体育教学模式需注意的问题

二、高校体育教学的主要模式

(一) 选项型体育教学模式

选项型体育教学模式,作为一种新兴的体育教学模式,已经被许多高校所运用。相对于传统的教学模式,在选项型体育教学模式之下,学生可以根据自己的兴趣爱好,选择自己感兴趣的运动项目、选择自己喜欢的体育教师进行学习,更能够激发学生的学习兴趣。学生在积极主动的心态下进行学习,有助于学生形成良好的运动习惯,帮助学生树立终身体育意识。但是由于这一教学模式充分尊重学生的自主选择权利,也容易造成学生选课时的盲目性,影响学习效果。因此,教师应该指导学生根据自身的条件与需求科学地选课。

(二)分层次型体育教学模式

在以学生为主体的教学理念引领下,我们必须深刻认识到每个学生都是独一无二的个体,他们的体质、运动基础和学习能力都存在显著的差异。因此,尊重学生的个性差异并因材施教,成为了体育教学中不可或缺的原则。为了实现这一目标,分层次教学模式在体育教学中的运用显得尤为重要。分层次教学,即根据学生的实际情况,将他们划分为不同的层次,然后为每个层次的学生量身定制合适的教学内容和训练方法。这种教学模式不仅有助于避免"一刀切"的教学方法所带来的弊端,还能确保每个学生都能在适合自己的学习环境中得到最大的发展。在教学过程中,教师应根据学生的体质状况和运动基础,精心设计不同层次的练习内容。同时,在进行教学评价时,教师也应采用分层次的评价标准。对于不同层次的学生,评价的重点和方式应有所不同。这样不仅可以更准确地反映学生的学习成果,还能让每个学生都感受到自己的进步和成就,从而进一步增强他们的学习积极性和自信心。通过这种分层次的教学模式和评价方式,我们可以更好地实现体育教学的目标,促进学生的全面发展。

(三)俱乐部型体育教学模式

在当前高校体育教学改革的浪潮中,俱乐部型体育教学模式作为一种新兴的教学策略,正日益受到广泛关注。该模式以其独特的"三自主"教学要求——即学生自主选择学习内容、学习时间以及任课教师,为高等教育中的体育教学注入了新的活力。这一创新模式不仅显著提升了学生在学习过程中的主体性和参与度,更在培养学生课余体育锻炼习惯方面展现出了显著效果。通过实施俱乐部型体育教学模式,学生能够根据自身的兴趣和需求,灵活选择适合自己的体育项目和学习时段,从而在享受运动乐趣的同时,潜移默化地养成良好的运动习惯。这种个性化的学习方式,无疑对提高学生的体育素养和促进其身心健康具有积极意义。然而,每一种教学模式都有其局限性,俱乐部型体育教学模式也不例外。由于其活动多在课外时间进行,这在一定程度上削弱了教师的即时指导作用,可能对学生的系统学习和技能提升造成影响。此外,该模式对硬件设施有着较高的要求,需要高校投入相应的资源来建设和维护各类体育设施,这在一定程度上限制了其在众多高校中的普及与推广。

(四)翻转课堂教学模式

当前,已经进入了网络时代,网络信息技术被应用于各个领域,一些基于网络信息技术发展而出现的教学模式也脱颖而出,翻转课堂教学模式就是其中之一。翻转课堂教学模式在高校体育教学中的应用,指的是教师提前将教学课件教学视频制作完善,然后将这些学习视频上传到网络上,要求学生利用课余的时间观看这些教学视频。学生在观看视频的过程中发现问题也可以在线与教师、与同学进行探讨,增强了师生之间、学生与学生之间的互动性,能提高学生的学习兴趣。并且在课堂时间上,师生之间就可以进行更深层次的交流与互动,进一步解决了学生的疑问。但是应用翻转课堂教学模式对体育教师提出了更高的要求,这就要求各高校重视对体育教师教学能力的培养,应通过多种方式不断提升教师的信息化教学能力。

三、高校体育教育训练模式的改进

（一）重视体育训练内容

重视体育训练内容是提升体育教学质量、激发学生兴趣并培养他们长期运动习惯的关键。为了改变当前体育教学的现状，必须对现有的体育训练模式进行深思熟虑的调整。教师需要树立以学生为中心的教学理念，这意味着在日常教学中要积极聆听学生的声音，多渠道收集学生对体育训练内容的意见和建议。这样不仅能增强学生的参与感和归属感，还能使教学内容更加贴近学生的实际需求。根据学生的反馈和建议，教师应灵活调整体育训练模式，不断优化和更新训练内容。例如，可以引入更多元化的运动项目，或者在传统项目中加入新的元素和挑战，以保持教学的新鲜感和吸引力。这种持续的教学创新能够激发学生参与体育训练的热情，提升他们的学习积极性。此外，教师在调整体育训练内容时，必须避免仅凭个人主观意志来决定教学内容。这种自上而下的教学方式往往忽视了学生的需求和兴趣，容易导致教学内容与实际脱节，进而影响学生的学习效果和兴趣。因此，教师需要以开放的心态，积极采纳学生的建议，让体育训练内容更加科学、合理和有趣。

（二）增强体能训练

对学生体质健康的评价是一个多维度的考量过程，它涵盖了身体机能、身体素质以及身体形态三大核心领域。这一评价标准凸显出一个核心理念：学生体质健康并非单一地依赖于运动技能的掌握程度，而是更加注重学生身体的整体状态与综合素质。因此,这就要求我们在进行体育训练时,必须摒弃急功近利的心态,转而采用循序渐进的教学策略。在训练的初级阶段,重点应放在基础体能的打造上,确保学生具备扎实的体能基础,为后续的技能学习提供有力的支撑。只有当学生的体能达到一定水平,能够轻松应对日常训练的压力时,我们才应逐步引入各种体育运动项目的基础技能教学。这种分阶段的训练方法,不仅有助于保护学生的身体健康,避免因过早接触高难度技能而造成的运动损伤,还能确保学生在每个训练阶段都能获得最佳的学习效果。

(三)引进课外体育训练项目

任何科目的学习,若想要达到熟练掌握的程度,都离不开课后的持续练习与经验的累积。这一点在体育训练中尤为重要。课堂上的教学只是为学生提供了基本的技术指导和理论知识,而真正的技能提升和体能增强,则需要学生在课后投入更多的时间和精力进行实践和锻炼。学校应当在正式的教学之外,积极地为学生提供课外体育训练拓展项目的机会。这样的项目不仅能够帮助学生巩固和深化课堂上学到的知识和技能,还能够为他们提供一个展示自我、挑战自我的平台。在当前大学生普遍面临较大学习压力的背景下,这样的课外拓展显得尤为必要。大学生在应对繁重的学业和各种考试时,往往难以抽出足够的时间进行自由支配,更别提参与到有益的体育活动中了。因此,高校通过布置课外体育训练项目的方式,实际上是在为学生创造一种更为健康、积极的生活方式。这些项目不仅能够帮助学生增强体质、提高身体素质,更重要的是,它们能够让学生在紧张的学习之余,找到一种放松精神、释放压力的途径。

（四）更换体育训练设施

在高等教育环境中,体育设施的状况对于学生的体育运动参与度和训练效果具有显著影响。然而,一些高校由于资金、管理等多种因素,其体育设施往往显得老旧,更新迭代的速度也远远跟不上现代体育运动的发展需求。这种情况在很大程度上制约了学生的体育运动选择和参与度,甚至可能对他们的运动安全构成潜在威胁。高校必须高度重视体育基础设施的完善与更新。这不仅包括对传统设施的定期维护与升级,更涉及引进现代化、高质量的体育训练设施。通过这样做,可以有效地避免因体育训练器材老旧而带来的安全隐患,从而确保学生在一个安全、舒适的环境中进行体育锻炼。此外,先进的体育设施不仅能为学生和教师提供一个更好的训练环境,还能在一定程度上提升学生的运动兴趣和参与热情。当学生面对新颖、专业的运动设备和器材时,他们往往会被激发出更多的探索欲和挑战欲,从而更加积极地投入到体育训练中。

（五）提高教师的综合素质

提高教师的综合素质和业务水平对于保障体育训练的顺利进行具有至关重要的作用。在教师招聘环节,高校必须严格把关,注重选拔具备高素质和专业能力的体育教师。这样的教师队伍不仅具备扎实的体育理论知识和实践技能,还能够为学生提供科学、专业的指导,从而确保体育训练的质量和效果。然而,招聘高素质教师仅仅是第一步。为了保持教师队伍的持续进步和适应性,高校还需要在教师入职后提供全面的继续教育机会。这包括定期组织教师培训、研讨会和交流活动,以便教师们能够不断革新体育训练理念,学习最新的教学方法和技术,从而优化体育训练模式,提升教学效果。此外,高校还应鼓励教师保持开放的心态,积极吸收新鲜事物,并将其应用到体育教育实践中。这种创新精神和探索态度不仅能够激发学生的学习兴趣,还能够促进教师自身的专业成长和综合素质的提升。

第二章　现代教育背景下高校体育教学理念与创新研究

第一节　"以人为本"教学理念

一、"以人为本"教学理念概述

（一）"以人为本"的教学理念概述

"以人为本"的教学理念是以学生为中心，注重学生个体发展，充分尊重和发挥学生的主体地位，致力于促进学生的全面发展。这一教学理念强调教育过程中的人性化、个性化和差异化，旨在培养具有创新精神和实践能力的高素质人才。在现代教育背景下，"以人为本"的教学理念被赋予了更加丰富的内涵和实践要求。"以人为本"强调尊重学生的主体性。在传统的教学模式下，学生往往是被动接受知识的容器，而在"以人为本"的教学理念下，学生被看作是教学活动的主体，学生的兴趣、需求、能力和个性差异都得到了充分的尊重和关注。这种教学理念鼓励学生积极参与教学过程，提出自己的观点和想法，与教师和同学进行深入的交流和讨论，从而实现知识的主动建构和内化。

这不仅包括知识的传授和技能的掌握，更包括情感态度、价值观念、创新精神和实践能力等多个方面的培养。在这一教学理念下,教师需要关注学生的多元智能发展,提供多样化的教学资源和活动,以激发学生的潜能和创造力,帮助学生形成积极向上的个性品质和健全的人格。还强调教学的个性化和差异化,每个学生都是独一无二的个体,学生的学习风格、兴趣爱好和学习能力都存在差异。因此,教师需要充分了解每个学生的特点和需求,制订个性化的教学计划和教学策略,以满足不同学生的发展需求。这种教学理念有助于实现教育公平,让每个学生都能在适合自己的教学环境中获得最大的发展。

(二)"以人为本"在高校体育教学中的应用与创新

1. 教学内容与方法的创新

为了满足学生的全面发展需求,高校体育教学应在内容和方法上进行创新。教学内容应更加多样化,涵盖各种运动项目和技能,以满足不同学生的兴趣。教学方法也应灵活多变,采用启发式教学、情境教学等先进教学方法,激发学生的学习兴趣和积极性。

2. 个性化教学的实施

"以人为本"的教学理念强调尊重学生的个性差异。在高校体育教学中,教师应根据学生的实际情况,制订个性化的教学计划。针对体育基础较好的学生,可以提供更高层次的训练和挑战;对于基础较差的学生,则应从基础技能入手,逐步提高学生的运动能力。此外,教师还可以根据学生的兴趣和特长,开设选修课程或兴趣小组,让学生在自己热爱的运动项目中得到更深入的学习和锻炼。

3. 评价体系的改革

传统的体育教学评价体系往往过于注重运动成绩和技能掌握

程度,而忽视了学生的全面发展。在"以人为本"的教学理念下,高校体育教学应改革评价体系,更加关注学生的全面发展。新的评价体系应包括学生的运动技能、身体素质、心理健康、团队合作精神等多方面内容。同时,评价方式也应多样化,采用自评、互评、师评等多种方式相结合,以更全面地反映学生的实际情况。

(三)"以人为本"的教学观点

1. 教育的目的是促进师生自我实现

从深层次的视角来看,是推动师生走向自我实现。在体育教学这一特定领域中,学生的自我实现体现在其身体、心理、智能以及社会性等各个维度的全面发展上。体育教学应致力于确保每位学生在参与过程中都能取得实质性的进步。这种进步源于体育本身所蕴含的多元化教育价值,它能够通过系统性的教学和训练,促进学生综合素质的全面提升。

在"以人为本"的教育理念指引下,体育教育不再仅仅局限于传授健康知识和运动技能。相反,它更加强调通过精心设计的教学环境和过程,来促进学生的心理成长、情感丰富、智慧提升以及社会性的增强。这种教育模式试图打破传统的智力与情感之间的界限,使二者在学生的学习过程中得以有机融合。对于体育教师而言,自我实现则体现在能够富有创造性地完成教学任务,并在这一过程中充分实现自身的职业价值。学生不仅需要通过体育教学培养出符合社会发展需求的优秀人才,还需要通过不断地进行教学实践来提升自己的教学能力、组织能力、社交技巧、科研水平以及创新能力。这样,教师不仅能够在职业生涯中不断实现自我突破,还能够在日常生活中以身作则,积极参与体育锻炼,提升自身的健康水平,并对学生及周边人群产生积极的影响。这种潜移默化的影响力,是体育教育在促进师生自我实现过程中不可忽视的重要方面。

2.课程安排应尊重学生的自由发展

在人本教育理念兴起之前,传统教育主要聚焦于社会价值和工具价值。然而,人本位的思想观念让人们逐渐认识到,传统工具化的教育方式违背了教育的本质属性。必须明确,人是教育的核心,人本教育应将教育的重心放在人的身上,关心人的健康成长。基于人本教育理念,我国提出了素质教育,这也是一种以学生为本的教育模式。我国国务院曾明确指出,素质教育的实施应遵循"实现自身价值与服务祖国人民相统一"的原则。学生是教育活动的主体,因此,在素质教育背景下,教育应着重关注学生的个性发展和独立人格的培养。在体育教学领域,教师应关注学生群体与个体的统一性,同时尊重学生的个性化发展。通过精心设计的体育教学,可以激发每个学生的积极性,并促进学生实现自我进步。体育教学面对的是具有个体差异的学生,教育并非为了"批量生产人才",而是在确保每个人健康全面发展的基础上,促进其个性化发展。因此,体育教学应在满足统一要求的前提下,实施因材施教的教学策略。教师需要设计出多样化、侧重点不同的教学课程,以确保每个学生在体育教学中都能取得进步。通过科学组织体育教学活动,并引导学生正确、充分地参与,可以培养出具有个性化特质的人才。

3.教学方法选用应重视学生情感体验

人本主义教学理论强调"以人为本",主张教学以学生为中心,实现个性化发展,而学生的这种发展都是从学习经验中体悟和实现的,因此,这就要求体育教学中应重视科学化体育教学方法的选择,激发学生的体育学习兴趣,为学生创造良好的学习体验。

在"弘扬人的个性,强调以人为中心,尊重人的情感体验"的现代体育教学中,体育教师应全面了解学生、充分尊重学生、真正理解和信任学生,在此基础上,教师与学生之间的"高高在上""师命不可违"的关系才能彻底改变,才有助于教师与学生构建和谐的师生关系。而良好的师生关系的建立对于体育教学活动的顺利开展具有非常重要的意义。可以说,学生对体育学习的态度个人爱好、获得学分是重要动机,来自教师的个人魅力因素也具有重要影响。此外,师生的和谐关系建立也有助于教学活动中师生能够更好地配合,从而提高体育教学的质量。

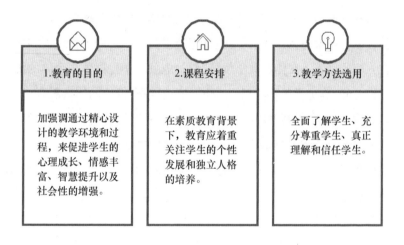

1.教育的目的	2.课程安排	3.教学方法选用
加强调通过精心设计的教学环境和过程,来促进学生的心理成长、情感丰富、智慧提升以及社会性的增强。	在素质教育背景下,教育应着重关注学生的个性发展和独立人格的培养。	全面了解学生、充分尊重学生、真正理解和信任学生。

图 2-1 "以人为本"的教学观点

二、"以人为本"教学理念的高校体育教学指导

(一)尊重学生个体差异,实施个性化教学

在高校体育教学中,教师应充分认识到每个学生都是独一无

二的个体,学生有着不同的身体素质、运动能力和兴趣爱好。因此,"以人为本"的教学理念要求教师尊重学生的个体差异,避免"一刀切"的教学方式。教师需要通过细致的观察和评估,了解每个学生的特点和需求,进而制订个性化的教学计划。在实施个性化教学时,教师可以根据学生的实际情况,将学生分成不同的层次或小组,针对不同层次的学生制定相应的教学目标和教学方法。例如,对于身体素质较好的学生,教师可以适当增加训练强度和难度,挑战学生的身体极限;而对于身体素质较差的学生,教师则应注重基础训练,逐步提升学生的体能水平。同时,教师还可以根据学生的兴趣爱好,开设多样化的体育课程,如篮球、足球、羽毛球等,以满足不同学生的需求。

(二)注重学生身心健康,促进全面发展

"以人为本"的教学理念强调学生的身心健康是体育教学的核心目标。在高校体育教学中,教师不仅要关注学生的运动技能提升,还要注重学生的心理健康和身体素质的全面发展。为了实现这一目标,教师需要在教学过程中融入更多的健康教育和心理辅导元素。例如,在体育教学中加入运动损伤预防、营养与健康等方面的知识,帮助学生建立科学的运动观念和健康的生活方式。同时,教师还可以通过团队游戏、集体活动等方式,培养学生之间的团队协作精神,提高学生的社交能力。此外,教师还应关注学生的心理健康。在体育教学中,教师可以通过观察和交流,及时发现学生的心理问题,如焦虑、抑郁等,并给予适当的关心和引导。通过体育运动的方式,帮助学生释放压力、调节情绪,提升学生的心理素质和抗压能力。

（三）培养学生终身体育意识，提升人文素养

现阶段，以人为本教学理念成为我国体育教学的重要教学理念。我国的体育教学实践活动开展过程中，越来越多的教师开始关注学生。从学生的特点、条件、基础和学习需要出发来选择教学内容、选择教学方法、选择教学组织形式与教学模式。高校体育教学不仅要让学生在课堂上掌握运动技能，更要引导学生养成定期锻炼的习惯，树立终身体育的意识。为了实现这一目标，教师需要在教学过程中强调体育运动的重要性和意义，让学生了解运动对身心健康的积极影响。同时，教师还可以通过组织丰富多样的体育活动和比赛，激发学生对体育运动的热情，培养学生的运动兴趣和习惯。另外，体育教学也是提升学生人文素养的重要途径。教师可以通过讲述体育历史、介绍不同国家和地区的体育文化等方式，拓宽学生的视野，增强学生的文化素养。同时，教师还可以通过引导学生参与体育活动，培养学生的团队合作精神、公平竞争意识和坚韧不拔的毅力，从而提升学生的人文素养和综合素质。

第二节　"健康第一"教学理念

一、"健康第一"教学理念概述

（一）"健康第一"的理论依据

随着科学科技的不断进步，经济的发展迅速、社会生活节奏日益加快，人类的体力劳动越来越少了，长时间伏案工作所造成的"运动不足""肌肉饥饿"严重影响了人们的身体健康。基于社会

压力所产生的各种心理疾病严重影响了人们的心理健康;社会功利化发展,过多的利益争夺对人们的社会性发展也产生了不良影响。诸多健康问题困扰着个人的发展和整个社会的健康发展。

进入 21 世纪以后,"全民健身"和"青少年体质健康"问题更大范围地走进我国国民的生活视野,大众体育健身参与、体育健康教育成为我国阻挡"现代文明病""办公室疾病""肌肉饥饿与运动不足病"的首选良方和强大武器。在当前和未来社会的发展过程中,健康问题将始终是影响个人和社会发展的一个重要问题,社会的快速发展与激烈竞争要求现代人才不仅要有正确的思想,具备扎实的科学知识和能力,还必须具备强健的体魄,身体健康是其他一切健康的基础,身体是革命的本钱,身体健康是个体生活、学习、工作的基础,如果没有一个健康的身体,则很难在社会劳动力竞争中占据优势,社会竞争对劳动力的基本要求就是身体健康。要想在这个竞争中立于不败之地,必须拥有一个健康的体魄。教育的最终目的是促进个人的健康发展、培养符合社会发展的合格人才,对学生群体的身体健康教育是体育健康教育的重中之重。

(二)"健康第一"的教育特点

1. 强调身体健康是健康的基础

"健康第一"的教育理念强调的是身体健康的基础性地位。身体健康是一切活动的前提和基石,没有良好的身体素质,其他方面的发展都会受到限制。在这一理念下,教育者更加重视学生的体能训练、运动技能的培养以及良好生活习惯的养成,旨在通过科学合理的体育锻炼,增强学生的体魄,预防疾病,提高身体机能。身体健康不仅关系到个体的日常生活质量,更是学习、工作和创造社会价值的重要保障。在"健康第一"的教育理念中,身体健康被视为促进学生全面发展的关键因素。因此,学校和教育工作者应积极营造有利于学生身心健康的环境,提供丰富的体育课程和活动,鼓励学生积极参与体育运动,培养健康的体魄和良好的运动习惯。同时,"健康第一"还倡导科学饮食、充足睡眠等健康生活方式,这些都有助于夯实学生的身体健康基础,为学生的长远发展奠定坚实基石。通过全方位的健康教育,使学生认识到身体健康的重要性,从而自觉地投入到维护和提升自我健康的行动中。这种教育理念的实施,不仅有助于提升学生的身体素质,更能培养学生的健康意识和自我保健能力,为未来的全面发展打下坚实基础。

2. 强调多元健康发展的素质教育

"健康第一"的教育理念,在强调身体健康的同时,也着重提出了多元健康发展的素质教育观念。这种教育观念认为,健康不仅仅是身体上的无疾病状态,更是一种生理、心理、社会适应等多方面的完好状态。因此,在推进素质教育的过程中,必须注重学生多元健康的全面发展。多元健康发展的素质教育,旨在培养学生在知识、技能、情感态度、价值观等多方面的素养。它不仅关注学生的知识学习和技能训练,还重视学生的心理素质、道德品质、审美情趣等方面的培养。这种教育理念强调,教育应以学生为中心,尊重学生的个性差异,充分发挥学生的主观能动性,促进学生的自主发展和全面进步。在实施多元健康发展的素质教育过程中,教育者需要运用多种教育方法和手段,如启发式教学、情境教学、合作学习等,来激发学生的学习兴趣,提高学生的学习积极性。同时,教育者还需要关注学生的心理健康,通过心理咨询、心理辅导等方式,帮助学生解决心理问题,增强学生的心理承受能力。

3. 强调健康教育的全面性

"健康第一"的教育理念中,强调健康教育的全面性是至关重要的一环。这种全面性不仅体现在教育内容的广泛覆盖上,还表现在教育方式和教育对象的多元化中。从教育内容来看,全面性要求健康教育必须涵盖身体健康、心理健康、社会适应等多个维度。身体健康教育旨在通过科学锻炼、合理饮食等方式提升学生体质;心理健康教育则通过心理辅导、情绪调节等手段培养学生健全的人格和良好的心理素质;社会适应教育则着重于提升学生的人际交往能力、团队协作能力等,以更好地融入社会。在教育方式上,全面性要求采用多样化的教学方法。除了传统的课堂讲授外,还应结合实践活动、案例分析、小组讨论等多种形式,以增强学生的参与感和实践能力。这种多样化的教学方式有助于学生更全面地理解健康知识,并将其内化为自身的健康行为。此外,从教育对象的角度,全面性还意味着健康教育应面向全体学生,无论性别、年龄、身体状况如何,都应接受相应的健康教育。这要求教育者根据学生的个体差异,制定个性化的健康教育方案,确保每位学生都能从中受益。

二、"健康第一"教学理念的高校体育教学指导

（一）树立体育教育新观念

在"健康第一"的教学理念指导下,高校体育教学必须树立全新的教育观念。这一新观念应深刻认识到体育教育不仅仅是技能和体质的训练,更是培养学生全面发展的重要途径。高校应将体育教育视为提升学生身心健康、塑造积极向上人生态度和培养终

身运动习惯的关键环节。传统体育教学中,往往过分强调运动技能的传授和竞技成绩的取得,而忽视了学生的兴趣和个体差异。新观念要求体育教师转变这种单一的教学目标,将教学重点转向促进学生的全面发展。包括提高学生的身体素质,增强心理健康,以及培养良好的团队协作能力和社会适应能力。同时,新观念还强调体育教学的创新性和趣味性。教师应通过多样化的教学方法和手段,激发学生的学习兴趣,使学生在轻松愉快的氛围中积极参与体育活动,从而真正达到身心健康的目的。

(二)明确体育健康教学目标

在"健康第一"的教学理念下,明确体育健康教学目标显得尤为重要。高校体育教学不仅应着眼于运动技能的传授,更要关注学生的整体健康水平提升和健康生活方式的养成。因此,教学目标需要围绕促进学生的身心健康、预防疾病、增强体能以及培养健康的生活习惯来设定。具体来说,体育健康教学的目标应包括以下几个方面:一是通过科学系统的体育锻炼,增强学生的心肺功能、肌肉力量和柔韧性,提高基础代谢率,从而全面提升学生的身体素质;二是通过运动技能的学习和实践,培养学生的运动兴趣和爱好,激发学生主动参与体育活动的积极性;三是注重心理健康教育,通过体育活动调节情绪、缓解压力,帮助学生建立良好的心态和自信心;四是教授学生营养与健康的知识,引导学生形成合理的饮食习惯和生活方式,为未来的健康生活奠定基础。

(三)完善体育教学课程体系

深化高校体育教学课程体系改革,是推动高校体育教学不断向前发展的关键举措。在新时代背景下,为了更好地贯彻"健康第一"的体育教学理念,必须对体育教学课程体系进行全方位的构建与优化,旨在为学生提供更为丰富、多元的体育课程选择,以满足学生日益增长的体育健康需求。在"健康第一"教育理念的深刻影响下,我国高校体育教学课程已经历了显著的变革。这一变革不仅体现在体育课程内容的显著增加,使得学生可以接触到更多样化的体育项目,还体现在教学方法的不断创新与丰富上。传统的体育教学方式已逐渐被互动式、体验式等更为生动、实用的教学方法所替代,这样的转变极大地提升了学生参与体育课程的积极性和学习效果。

此外,高校体育课程不再局限于课堂内的教学,而是将课内活动与课外活动有机地结合起来。这种结合不仅延伸了体育教学的空间和时间,也为学生提供了更多实践和锻炼的机会。体育选修课的设置也越来越注重考虑到学生的个人兴趣和需求,这样的课程设置更加人性化,也更能够激发学生的学习热情。值得注意的是,体育课程与内容的设置还针对不同专业学生的特点进行了精细化的调整。不同专业的学生由于未来职业发展的需求不同,对体育技能和体能的要求也会有所不同。因此,体育课程体系的完善也体现在这种差异化的教学安排上,旨在为学生未来的职业生涯奠定坚实的体育基础。

(四)重视体育教学方法优化

体育教学方法的优化对于提升体育教学效果至关重要。在高校体育教学环境中,教师面对的是多样化、个性化的学生群体,这就要求教师必须能够灵活选择并运用各种体育教学方法。为了实现体育教学效果的最优化,体育教师需要具备出色的体育教学能力,这包括科学选择教学方法和有效应用这些方法的能力。教师应对各种教学方法有深入的了解和研究,明确每种方法的优势与局限,以便根据具体的教学内容和学生的实际情况,选择最适合的教学方法。在选择教学方法时,教师需要综合考虑多个因素,包括学生的年龄、性别、身体素质、技能水平、学习兴趣等。例如,对于初学者,教师可能需要采用更为直观、易懂的示范教学法;而对于技能水平较高的学生,则可以采用更具挑战性的竞赛教学法,以激发学生的学习兴趣和潜能。此外,教师还应注重教学方法的创新与改进。随着体育教育理论和实践的不断发展,新的教学方法层出不穷。教师应保持开放的心态,积极学习和尝试新的教学方法,以不断提升自身的教学水平,实现体育教学方法的优化,最终达到提高体育教学效果的目的。这种对教学方法的不断探索和优化,不仅有助于提升学生的体育技能,还能培养学生的体育兴趣,为他们的全面发展奠定坚实基础。

三、贯彻"健康第一"理念的途径

(一)提高体育教师的综合素质

在提高体育教育质量方面,体育教师的综合素质在其中发挥着非常重要的作用。现代体育教育要求体育教师不能只是满足以前知识培养的单一教学模式,同时体育教师还要具有一定的科研探索能力。这就要求体育教师掌握科学和人文两方面的基本知识,以及扎实的体育基本功。体育教师要熟知信息科学、生命科学、环境科学等基础知识,了解体育教育的人文价值,掌握学生素质发展的规律性,努力提高自身的综合素养。在当前社会背景之下,体育教学还要对教师监控教学的能力进行加强,这主要包括体育教师管理学生的能力、组织教学活动的能力、对学生技能进行评估的能力以及一定的体育科研能力等。体育教师应结合自己的实际经验,善于在工作中发现问题、探索问题、解决问题,努力提高自己的科研探索能力。

(二)培养学生的健康意识和行为

在体育教学中,培养学生的健康意识和行为是至关重要的。为了实现这一目标,体育教师需要综合考虑本校的实际情况、学生的身心特点及其发展规律,从而精心制定出既切实可行又能促进学生全面发展的体育教学大纲和教材。制定教学大纲和教材时,教师应确保内容既能激发学生的学习兴趣,又能满足学生身体发展的需求。通过丰富多彩的体育活动,教师可以引导学生认识到体育锻炼的重要性,并帮助学生建立起自觉参加体育锻炼的良好习惯。在实际的教学过程中,体育教师应当注意课堂运动的适量性,避免过度锻炼对学生身体造成不必要的负担。体育课堂的活动设计应科学合理,既要达到锻炼身体的目的,又要防止矫枉过正,确保学生在安全、愉快的环境中学习和成长。此外,体育课外活动是培养学生健康意识和行为的重要延伸。教师应加强对这些活动的指导,确保学生在课外也能得到有效锻炼。同时,学校可以定期举办多种形式的体育比赛,这不仅能提高学生的运动技能,还能培养学生的团队合作精神和竞争意识。

(三)加强学生综合素质的培养

大学生在参与体育运动锻炼时,掌握一定的体育健康知识和科学锻炼方法显得尤为重要。这不仅关系到运动效果,更直接影响到学生的身体健康和运动安全。然而,在以往的体育教学中,部分教师过于偏重运动技术的培养,却在一定程度上忽视了体育健康知识的系统传授。这种偏向导致了许多学生在进行体育锻炼时缺乏科学的指导和合理的安排，从而使得学校体育锻炼存在一定的盲目性。为了避免这种情况，我们必须加强对学生进行体育健康知识的教育和传授。这包括但不限于运动前的热身准备、运动中的自我保护、运动后的恢复与放松等关键知识点。通过系统的健康教育，学生能够更加科学、安全地参与到体育运动中，减少运动损伤的风险，提升锻炼效果。同时，学校体育教学的课程设置也应与时俱进，紧密结合社会需求和学生的兴趣点。相关部门及领导应立足学校实际，积极开设一些社会上广受欢迎的、基础设施完备的体育运动课程。这样不仅能满足学生的多样化需求，提高其锻炼的积极性，还有助于培养他们良好的运动习惯和终身体育的意识。

第三节 "终身体育"教学理念

一、"终身体育"教学理念概述

(一)"终身体育"的基本内涵

"终身体育"教育思想的形成是人类自身和社会发展的必然。终身体育包括两个方面的内容：一、终身教育贯穿人的一生，从出生开始一直延续到生命的结束，在人一生中，都应养成参加体育锻炼的习惯，体育是日常生活的重要组成部分；二、终身体育是科学的体育教育，在人一生中的不同的阶段，都有正确的价值观念来指导和引导个体参加体育活动，并通过体育活动的参加实现身体的健康发展，使其终身受益。

学校"终身体育"教学思想的树立和形成能有效促进我国体育教学的发展,是所有运动项目的体育教学都应该树立的一个正确教学思想和观念。要切实推动终身体育教育理念在高校的贯彻落实,教师在推动"终身体育"教育思想的落实方面具有非常重要的责任与作用,调查发现,在学生对于体育运动的参与方面,有很多学生受到教师的影响,特别是教师业务水平的影响,教师应在教学中和课堂外都提倡学生积极参与体育锻炼。在体育课堂教学中,教师应关注学生终身体育意识和能力培养,不能只关注和过于重视技术、技能教学。在体育课堂外,教师可以组织学生开展各种体育活动、体育游戏,对高校大学生体育俱乐部活动的开展,教师应鼓励,并给出指导性意见和建议。

(二)"终身体育"的思想特征

1.体育锻炼时间的终身性

"终身体育"是一种先进的教育理念,其最为重要的一点就是它可以令个体一生受益。从教育功能作用于个体的影响来看,"终身体育"突破了传统的学校体育目标过分强调学习和掌握运动技能的观念,打破了传统的体育教学把人接受体育教育的时间仅仅局限在校学习期间,而是将体育教育时间大大延长,贯穿人的一生。"终身体育"教育理念强调体育教学应符合学生生长发育、心理健康发育的客观规律,以及健身的长久性,注重培养学生对体育的爱好、兴趣,养成锻炼的习惯和能力,强调体育参与的终身参与、终身受益。

2.体育锻炼群体的全民性

"终身体育"的体育对象指接受终身体育的所有人,每一个社会成员都应该积极参与，"终身体育"是面向全体社会成员的，从学生在学校体育教学中逐渐培养起体育锻炼意识到走出校门走进社会之后能持续参与体育锻炼，为以后的整个人生参与体育锻炼奠定良好的基础。因此，终身体育教育的主体并不局限于在校学生，而是面向所有民众，应做到全民积极、主动参与。

3. 体育锻炼目的的实效性

"终身体育"以适应个人发展和社会发展为根本着眼点。因此，终身体育的参与必须做到因地制宜、因人而异，不同的人应结合自己的实际，选择具体锻炼的内容方式、方法等，同时，应融入日常的生活、学习、工作中。在现代社会生活中，人们为了改善自己的生活质量，根据自身条件合理选择适合自己的体育方式，做到有的放矢，具有较强的针对性和实效性。在高校体育教育教学中，体育教学的内容选择、方法运用都应为提高学生的体育知识、体育技能服务，不断增强学生的终身体育意识和终身体育能力，如此一来，在大学生毕业进入社会后，也能持续参与体育健身锻炼。

（三）"终身体育"与体育教育

1. 终身体育理念对体育教育的引导作用

终身体育作为一种理念，强调的是体育锻炼的持久性、多样性、个性化和终身受益性。这一理念对体育教育起到了重要的引导作用。在体育教育过程中，教师不仅需要关注学生的短期锻炼效果，更需要引导学生形成长期、持续的锻炼习惯。这就要求体育教育在内容和形式上不断创新，以满足学生多样化的体育需求，并鼓励学生根据自己的兴趣和能力选择合适的锻炼方式。同时，终身体育理念还强调了体育锻炼的循序渐进和适应个体需求。在体育教育中,教师应根据学生的身体状况、年龄和健康状况等因素,制订科学合理的教学计划和锻炼方案。这不仅能有效避免过度负荷造成的身体伤害,还能确保每位学生都能在体育锻炼中取得成长和进步。

2. 体育教育对终身体育习惯的培养

体育教育是实现终身体育理念的重要途径。通过系统的体育课程教学和丰富的课外体育活动,学生可以全面掌握各种体育技能,了解运动科学的基本知识,并逐渐形成良好的锻炼习惯。在体育教育过程中,教师还可以根据学生的实际情况,为学生提供个性化的指导和建议,帮助学生找到适合自己的锻炼方式和方法。此外,体育教育还能培养学生的团队协作精神和竞争意识,提升学生的心理素质和社交能力。这些素质的提升不仅有助于学生在体育活动中取得更好的成绩,还能为学生的未来发展打下坚实的基础。因此,可以说体育教育是终身体育习惯培养不可或缺的一环。

3. 终身体育与体育教育的相互促进

终身体育与体育教育之间存在着相互促进的关系。一方面,终身体育理念为体育教育提供了明确的目标和方向;另一方面,体育教育又为终身体育习惯的培养提供了实践平台和具体路径。在实际教学过程中,教师可以通过不断创新教学方法和手段,激发学生的学习兴趣和参与热情,从而推动学生更加积极地投入到体育锻炼中去。同时,学生在体育教育中获得的技能和知识,也将成为学生实践终身体育理念的重要基础。通过持续锻炼和积累,学生能够更好地理解终身体育的内涵和价值,进而将其融入自己的生活方式中去。这种相互促进的关系不仅有助于提升学生的身体素质和健康水平,还能促进学生的全面发展和个人成长。

二、贯彻"终身体育"理念的意义

（一）提倡终身体育的思想满足现代化社会发展的需要

在现代化社会的快速发展中，人们的生活方式和工作模式都发生了翻天覆地的变化，这也对个体的身心健康提出了新的挑战。在此背景下，提倡终身体育的思想显得尤为重要，它不仅是个体健康生活的需要，更是社会整体发展的必然要求。现代化社会的竞争日益激烈，人们面临着前所未有的压力。长时间的工作、不规律的生活作息、缺乏运动等不良生活习惯，都可能导致身体机能的下降和心理问题的增多。而终身体育的思想，正是倡导人们将体育锻炼融入日常生活中，使之成为一种持续的生活方式，从而有效提高身体素质，缓解精神压力，提升生活质量。同时，终身体育的思想也与现代化社会的发展理念高度契合。一个健康、积极向上的社会，必然是由身心健康、充满活力的个体所构成的。通过提倡终身体育，可以在全社会范围内形成一种积极向上的健康氛围，推动人们更加注重身体健康，更加珍视生命质量。因此，提倡终身体育的思想，不仅是个体健康生活的必然选择，也是现代化社会发展的需要。应该在全社会范围内大力推广这一理念，让更多的人认识到体育锻炼的重要性，并将其真正融入自己的生活中去。

（二）迎合终身教育思想，促进学校体育改革

终身体育思想的形成与发展，实则是终身教育思想延伸的产物。在我国，学校体育教育长期受到应试教育观念的左右，导致教学重点过于偏向运动技能的培养，却轻视了理论知识的教学，这不

仅加剧了师生之间的矛盾,更对体育教学的整体效果和质量造成了不利影响。在现有的教学模式下,学生步入社会后真正需要掌握的知识和技能,往往并未在学校得到充分的教授;反之,学校所教授的内容,在学生的未来生活中却未必能派上用场,对学生的全面发展构成阻碍。终身体育的理念则着重于学生多方面能力的培养,尤其是培养学生对体育的热爱和兴趣,进而养成持久的锻炼习惯。此外,终身体育还强调学生应掌握系统的体育理论知识,学习科学的锻炼方法和评价标准,从而树立终身体育的意识,提升参与和组织体育活动的能力。在新的时代背景下,终身体育思想的提出,无疑为学校体育教育的改革指明了新的路径,有望极大地推动学校体育的持续发展。

(三)满足体育生活化社会发展趋势的需求

随着社会的发展和人民生活水平的提高,体育生活化逐渐成了一种趋势。这一趋势反映了人们对健康生活的追求和对身体活动的重视,同时也体现了现代生活方式的转变。体育不再仅仅是竞技场上的运动,而是融入了人们的日常生活中,成为一种生活态度和生活方式。在这种背景下,满足体育生活化社会发展趋势的需求显得尤为重要。这不仅是顺应时代发展的必然选择,也是提高人民生活质量、促进社会和谐稳定的重要举措。体育生活化的核心在于将体育锻炼与日常生活紧密结合,让人们在忙碌的工作和生活中也能找到锻炼身体的机会,从而提升身体素质,保持健康状态。同时,还应关注不同群体的体育需求,制定个性化的运动方案,确保每个人都能在体育生活化的过程中受益。例如,针对老年人群体,可以推广太极拳等低强度运动,帮助其保持身体健康;对于青少年群体,则可以开展足球、篮球等竞技性较强的运动,培养学生的团队合作精神和竞争意识。

三、"终身体育"教学理念的高校体育教学指导

(一)转变传统体育教学思想

在"终身体育"教学思想的引领下,高校体育教学应注重从教学内容、教学方法到教学评价等各个环节,均以培养和提升学生的终身体育意识和能力为核心标准。通过教授与学生日常生活、学习和工作紧密相连的体育项目,致力于培养学生的长期运动习惯,而非单纯强调运动技能的习得。在高校体育教育过程中,教师应转变传统观念,不再过分聚焦于技能指标的达成,而应更加关注学生的体育价值观、态度、意识及行为习惯的培养。这样的转变有助于开展更具针对性的体育教学,进而真正实现终身体育教育的目标。"终身体育"教学理念不仅为高校体育教学改革提供了明确的指导,也奠定了高校体育教学发展的坚实基础。

(二)重视学生终身体育意识的培养

在现代教育体系中,体育教育的重要性日益凸显,而学生终身体育意识的培养则成为关键的一环。终身体育意识,即个体在任何生活阶段都保持对体育锻炼的积极态度和习惯,是实现健康生活的基石。因此,高校体育教育必须重视学生终身体育意识的培养,以帮助学生建立起持久而健康的体育生活方式。要培养学生的终身体育意识,需要从观念上转变。高校体育教育不仅仅是技能传授,更重要的是引导学生认识到体育锻炼对个人全面发展的重要性。通过课堂教学、讲座、实践活动等多种形式,教师可以向学生普及健康知识,强调体育锻炼在预防疾病、增强体质、促进心

理健康等方面的积极作用,从而激发学生对体育的内在需求。在教学过程中,教师应教会学生如何根据自身情况制订合理的锻炼计划,掌握科学的锻炼方法,培养独立进行体育锻炼的能力。同时,通过组织丰富多彩的课外体育活动和竞赛,让学生在实践中感受到体育的乐趣,进一步增强学生坚持体育锻炼的动力。此外,营造浓厚的校园体育文化氛围也是培养学生终身体育意识的重要途径。高校可以通过举办体育节、运动会等活动,展示体育的魅力和价值,吸引更多的学生参与其中。同时,加强校园体育设施建设,提供便捷的锻炼条件,让学生在校园内就能随时进行体育锻炼。

(三)丰富终身体育教学内容的设置

在终身体育的教学理念下,丰富体育教学内容的设置显得尤为重要。这不仅仅是为了满足学生的学习需求,更是为了培养学生长期、持续的体育锻炼习惯,以及提升学生的体育技能和健康知识水平。终身体育教学内容的设置,应体现出多样性和趣味性。多样性意味着教学内容应涵盖多种体育项目,包括但不限于传统的球类运动、田径项目,还可以引入瑜伽、舞蹈、武术等更具特色和趣味性的活动。这样的设置能够激发学生的学习兴趣,使学生更愿意主动参与到体育活动中来。同时,教学内容的难易程度也应有所区分,以满足不同体质和技能水平的学生。初级阶段可以注重基础技能和体能的培养,而随着学生技能的提升,教学内容可以逐渐增加难度,挑战学生的身体素质和技术水平。

(四)关注学生需求与社会需求的统一

"终身体育"不仅是一种教育理念,更体现了一种深远的生活哲学。其核心理念在于倡导一种健康、积极和持续的生活态度与方式,这种理念强调了身体健康在个体适应现代社会生活中的基础性和先决性。身体健康,作为每个人发展的基石,是面对快节奏、高压力现代生活的重要保障,也是能够持续工作、学习和创新的必要条件。同时,高校体育教育还要紧密关注社会的需求。在日新月异的现代社会中,对人才的需求也在不断变化。高校体育教育应与时俱进,根据社会需求调整教学内容和方法,使培养出的学生不仅拥有强健的体魄,还具备团队合作精神、领导能力、创新意识等社会所需的重要素质。因此,高校体育教育的终身体育教育理念的贯彻,实际上是在寻求学生需求与社会需求之间的平衡与统一。这种统一不仅体现在教育内容和方法的改革上,更体现在教育目标的设定上。通过终身体育教育,旨在培养出既符合社会发展需要,又能实现自我价值的高素质人才,从而实现学生的社会价值与个人价值的和谐发展。

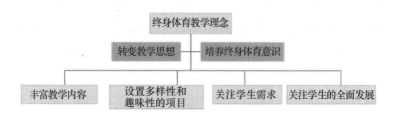

图 2-2　高校体育教育中的"终身体育"理念贯彻图

第三章 高校体育教学模式的探索

第一节 快乐体育教学模式

一、传统的体育教学模式

(一)普通锻炼身体的体育教学模式

普通锻炼身体的体育教学模式是最为基础和普遍的一种体育教学方式。在这种模式下,体育教学的核心目标是让学生通过体育活动达到锻炼身体、增强体质的效果。课程内容通常包括简单的体操、跑步、跳远、投掷等基本运动技能的训练。这种教学模式在中小学体育课程中尤为常见,因为它既简单易行,又能满足学生日常的身体活动需求。然而,这种教学模式的弊端也是显而易见的。它过于强调肢体的活动,却忽视了学生在体育活动中的心理体验和感受。学生在这种模式下往往只是机械地重复动作,缺乏对运动技能的深入理解和探索。更重要的是,这种模式没有对学生进行必要的心理疏导和教育,导致学生在面对运动中的挫折和困难时,往往缺乏有效的应对策略。

(二)竞技式的体育教学模式

竞技式的体育教学模式则更加注重运动技能的精进和竞技水

平的提升。这种模式通常针对具有一定运动基础的学生,通过高强度的训练和比赛来提高学生的运动成绩。例如,各种运动会、足球赛、篮球赛等竞技活动就是这种模式的典型代表。竞技式的体育教学模式在培养学生的竞技能力和团队合作精神方面具有一定的优势。但是,它同样存在对学生心理关注不足的问题。在激烈的竞技环境中,学生面临着巨大的心理压力和竞争压力。如果没有得到及时有效的心理疏导,学生可能会出现焦虑、紧张、挫败感等负面情绪,甚至影响到学生的身心健康和学习生活。

(三)传统体育教学模式的心理教育缺失

无论是普通锻炼身体的体育教学模式还是竞技式的体育教学模式,它们都存在一个共同的问题:对学生心理教育的忽视。体育教学不仅仅是身体上的锻炼,更应该是身心全面发展的过程。学生在体育活动中不仅需要掌握运动技能,还需要学会如何面对挑战、如何调整心态、如何与他人合作等重要的心理素质。然而,在传统的体育教学模式中,这些心理素质的培养往往被忽视。教师在教学过程中更多地关注学生的运动技能和成绩,而忽视了学生在运动过程中的心理变化和需求。这种教学方式可能会导致学生在面对运动中的困难和挫折时缺乏应对能力,甚至产生消极情绪和逃避行为。为了弥补传统体育教学模式在心理教育方面的不足,教师需要转变教学理念和方法。教师应该关注学生的个体差异和需求,根据学生的实际情况制订个性化的教学计划。教师应该在教学过程中融入心理教育的元素,通过情境创设、角色扮演等方式帮助学生理解运动中的心理变化和挑战,并学会积极应对。教师应该与学生建立良好的师生关系,为学生提供必要的心理支持和指导,帮助学生在体育活动中实现身心的全面发展。

二、快乐体育教学模式探究

(一)快乐体育教学模式的概念

快乐体育教学模式的概念,不仅仅局限于传统的体育教学理念,而是一种融合了趣味性、参与性和教育性的全新教学理念。在这种模式下,体育教学的目标不再仅仅是提高学生的体能和运动技能,更重要的是让学生在体育活动中感受到快乐,从而培养学生主动参与体育运动的意识和习惯。

快乐体育教学模式强调以学生为中心,关注学生的情感体验和学习兴趣。通过设计富有趣味性的教学内容和多样化的教学方法,激发学生的学习兴趣和积极性,让学生在轻松愉快的氛围中学习体育知识,提升体育技能。这种教学模式不仅有助于提高学生的身体素质,还能培养学生的团队协作能力、竞争意识以及面对挫折的勇气。在这种教学模式下,教师需要转变传统的教学观念,从主导者转变为引导者和参与者,与学生一起探索、实践,共同创造快乐的体育课堂。同时,教师还需要关注学生的个性差异,尊重学生的选择和兴趣,为学生提供个性化的学习方案,让每个学生都能在体育教学中找到自己的位置,享受运动的乐趣。

(二)快乐体育教学模式的起源

我国的体育教学模式不断进行改进,快乐体育思想也逐渐影响国人,体育教育工作者经过不懈地进行理论研究与实践探索,已经建立了自己的教学模式,由以前的以教学人员为主体的体育教学变成了现在以学生为主题的体育教学模式。当前快乐体育教学模式已经在各地学校掀起了热潮,不仅反映了传统体育教学体制与方式的改革,也是我国对体育锻炼重新认识的反映。快乐体育出现的根本目的在于,在体育教学过程中通过启发学生的主观能动性,调动学生主动进行体育实践的积极性,使学生能够快乐地进行体育实践,并形成锻炼的思想。

(三)快乐体育教学模式的特征

快乐体育教学模式相较于传统的体育教学模式,展现出了其独特的魅力和特征。这种教学模式不仅仅关注体育技能的培养,更重视在教学过程中融入情感因素,从而为学生创造一个轻松、愉快的学习环境。它拥有一套完整且系统的思想体系,这套体系为体育教学工作提供了全面的指导,确保教学活动能够科学、有序地进行。在快乐体育教学中,情感教学被置于首要位置。教师注重与学生建立深厚的情感联系,通过温馨的互动和悉心的指导,让学生在体育活动中感受到关怀与支持。这种教学方式有助于消除学生的紧张情绪,使他们在放松的状态下更好地投入到体育学习中。除了情感教学,快乐体育教学还强调对学生进行全面的人格教育。教师通过精心设计的体育活动,帮助学生塑造积极向上的人生观和价值观,培养他们的团队合作精神和领导能力。同时,身体教育也是快乐体育教学不可或缺的一部分。教师根据学生的身体状况和运动能力,制订个性化的训练计划,旨在提高学生的身体素质和运动技能。

1. 全面加强素质教育

全面加强素质教育是当下教育领域的核心议题,而快乐体育教育在这一进程中扮演着举足轻重的角色。快乐体育教学的核心理念在于,让学生在轻松愉快的氛围中参与体育活动,从而深刻体会到运动的乐趣,这不仅仅是对身体的锻炼,更是一种全面的教育方式。实施快乐体育教学方式,绝非简单地让学生进行体育锻炼,而是将体育锻炼与快乐融为一体。在这样的教学模式下,学生们能够在运动中感受到身心的愉悦,进而激发他们的学习热情和主动性。更为重要的是,快乐体育教学不仅有助于学生的身体健康发展,还能在锻炼过程中促进学生智力的开发。

通过参与多样化的体育活动,学生们需要在不断变化的环境中做出快速判断和决策,这无疑会锻炼他们的反应能力和思维敏捷性。同时,体育运动中的团队协作和竞技对抗,也能培养学生的团队合作精神和竞争意识。此外,快乐体育教学还有助于全面培养学生的各方面素质。在运动中,学生们会接触到不同的体育文化,从而提升他们的审美能力;体育竞技中的公平竞争和规则意识,则有助于培养学生的道德品质;而每个学生在运动中所展现出的独特风格和潜力,也为他们的个性发展提供了广阔的空间。

2. 主观能动性的培养

在快乐体育教学中,真正的主体不是教学人员,而是学生;学生还是体育教学工作服务的对象,所以应当充分尊重学生的主体地位。传统的体育教学模式比较机械,忽视了学生的主观能动性,学生一直处于被动接受的地位。每个学生都有自己的思想,但在传统的体育教学模式中学生经常会处于一种压抑的状态,即使自己有新想法、新思想,一般也不会受到鼓励和支持,长此以往,学生会变得消极,丧失探索新事物的好奇心。而如今的快乐体育教学会让学生在一种令人愉悦的气氛中进行学习,有助于学生主观能动性发挥以及思维开发。此外,快乐体育教学相对来说比较灵活,不会让所有学生都朝着一个目标进行发展,教学工作人员会根据每个学生的特点及长处因材施教,使每个学生在进行体育锻炼的时候达到自身的满足点,在全面培养基本素质的前提下使学生的个性得到发展。

3. 主动积极地学习

主动积极地学习是教育过程中的一个核心理念,它强调学生在学习过程中应展现出积极性和主动性,而非仅仅作为知识的被动接受者。在快乐体育教学中,这一理念被赋予了更深远的意义,其目标之一就是实现学生从厌学向乐学的转变。主动学习与被动学习在本质上是截然不同的。在被动学习的状态下,学生可能会感到压抑和不快,因为他们的学习行为是出于外界的压力或要求,而非内心的渴望。相反,当学生主动学习时,他们会因为对知识的探索和技能的掌握而感到愉悦和满足。快乐体育教学正是从这种心理机制出发,通过发掘和创造学习过程中的乐趣,使学生能够由被动变主动,充分调动他们主动学习的积极性。这种教学模式不仅关注体育技能的传授,更注重学生在学习过程中的情感体验,从而培养他们的学习兴趣和热情。

4. 相辅相成的教学

体育教学与其他学科的教学之间,存在着一种相辅相成的紧密关系。这种关系在快乐体育教学中体现得尤为明显,它不仅仅关乎体育技能的传授,更在于通过体育活动促进学生的全面发展,为他们接受其他学科的教学奠定良好的基础。快乐体育教学强调的是在体育教学中融入更多的乐趣和兴趣点,让学生在轻松愉快的氛围中学习体育技能,提升身体素质。这种教学方式以体育课堂为主要阵地,通过丰富多样的体育活动,让学生在运动中感受到快乐,从而培养他们的体育兴趣和运动习惯。同时,课间操以及课外其他体育活动作为辅助,进一步延伸了体育教学的时间和空间,使学生在更多的场合和机会中体验到体育带来的乐趣。当学生在体育活动中获得快乐之后,这种积极的情绪体验会自然而然地迁移到其他课程的学习中。他们会带着更加饱满的热情和积极的心态去面对其他学科的学习任务,从而提高学习效率和学习效果。这是因为,体育活动不仅锻炼了学生的身体,更在无形中培养了他们的团队合作精神、竞争意识以及面对挑战时的积极态度,这些都是其他学科学习中不可或缺的重要素质。因此,快乐体育教学不仅仅是一种体育教学方式,更是一种全面提升学生身心素质、促进其他学科学习的有效途径。它让学生在快乐中学习,在学习中成长,为他们的全面发展打下了坚实的基础。

三、快乐体育教学模式构建及实施策略

(一)实施快乐体育教学模式的原则

实施快乐体育教学模式需要遵循一系列原则,这些原则共同构成了该教学模式的核心理念和实践指导。其中,学生主体性原则是首要的,它强调在教学过程中应以学生为中心,充分发挥学生的主观能动性和创造性。教师要关注学生的需求和兴趣,鼓励学生积极参与体育活动,让学生在运动中感受到成就感和快乐。

同时,教育性原则也是不可或缺的。快乐体育不仅仅是为了娱乐和放松,更重要的是通过运动来促进学生的全面发展。因此,在选择教学内容和方法时,应注重其教育价值,使学生在快乐运动的同时,也能学到有用的知识和技能。趣味性原则同样重要。为了激发学生的学习兴趣,教师需要设计富有趣味性的教学内容和活动,让学生在轻松愉快的氛围中学习。这种趣味性不仅体现在

教学内容的新颖性和挑战性上,还体现在教学方法的灵活性和多样性上。此外,激励性原则也是实施快乐体育教学模式的关键。教师应及时给予学生正面的反馈和鼓励,以增强学生的自信心和学习动力。通过设立明确的目标和奖励机制,可以激励学生更加努力地参与体育活动,从而实现自我提升。

(二)快乐体育教学模式的实施策略

1. 以学生为中心的教学环境

在快乐体育教学模式中,以学生为中心的教学环境是至关重要的。这种环境不仅指物理环境,如体育场地、设施和器材的配备,更包括心理环境和教学氛围的营造。教师应致力于创造一个开放、包容、鼓励尝试和创新的课堂环境,让学生能够自由表达自己的想法,积极参与体育活动。为了构建这样的教学环境,教师需要深入了解学生的需求和兴趣,以及学生在体育活动中的优势和挑战。通过定期的沟通和反馈,教师可以更好地调整教学内容和方法,以满足学生的个性化需求。同时,教师还应鼓励学生之间的合作与竞争,培养学生的团队协作精神和竞争意识。在具体的教学方法上,教师可以采用多样化的教学手段,如游戏、竞赛、角色扮演等,以激发学生的学习兴趣和积极性。例如,通过设计富有挑战性的体育游戏,让学生在游戏中学习运动技能,感受运动的乐趣。或者通过组织小组竞赛,让学生在竞争中体验成功的喜悦,培养学生的自信心和抗压能力。通过引入生动的视频、图像和动画等素材,教师可以更直观地展示运动技能和规则,帮助学生更好地理解和掌握。

2. 注重学生的心理健康

快乐体育教学模式强调学生在体育活动中的情感体验和心理

健康。因此,教师在教学过程中应密切关注学生的情感变化,及时发现和解决学生在运动中可能遇到的困难和挫折。为了增强学生的情感体验,教师可以通过积极的语言鼓励和身体示范来提升学生的自信心。同时,教师还可以设计一些团队合作项目,让学生在运动中感受到团队的力量和温暖,培养学生的归属感和责任感。在心理健康方面,教师应注重培养学生的抗挫折能力和自我调节能力。在运动中,学生难免会遇到失败和挫折,如何面对这些困难并保持积极的心态是至关重要的。教师可以通过心理辅导、情绪调节训练等方式来帮助学生建立正确的心理导向,使学生在面对困难时能够保持冷静和乐观。

3. 融合趣味性与教育性于教学内容中

快乐体育教学模式要求教师在设计教学内容时既要注重趣味性又要兼顾教育性。这意味着教师需要创造性地整合各种教学资源和方法来制订富有吸引力的课程计划。在教授篮球技能时,除了传统的技能训练外,教师还可以引入篮球游戏、篮球文化讲解等元素来增加课程的趣味性。同时,教师还可以结合篮球运动的特点来培养学生的团队合作精神、竞争意识以及规则意识等教育目标。为了实现这一策略,教师需要不断学习和更新自己的知识储备和教学技能。通过参加专业培训、观摩优秀教师的教学实践以及与其他教师的交流合作等方式来提升自己的教学水平。同时,教师还应保持开放的心态和创新的精神来面对教学中的挑战和问题,不断优化和完善自己的教学方法和策略。

第二节　俱乐部体育教学模式

一、高校体育俱乐部课程特有的教学指导思想

(一)"学中练,练中赛"的教学指导思想

传统高校体育教学中,缺少教学动态过程中的变化性和针对性,显得刻板固化。而体育俱乐部课程教学更加多元化,体现在教学指导思想、教学手段和教学评价等方面。体育俱乐部教学会根据学生主体在学习技能的不同阶段提出不同的教学指导思想,帮助学生把握学习方向,领会学习技能要点。"学中练,练中赛"的教学指导思想目标明确,课堂教学实施简单有效,对于体育俱乐部课程教学而言,其关键是学生体育技能的习得。学生在课堂上学习运动技能理论知识,通过教师示范学生模仿,反复练习掌握动作技能,并通过比赛来检验学习效果。学生在学习技能、练习技能和掌握技能的过程中,通过自身的练习和课堂、课后比赛来巩固技能并获得比赛成就感。

(二)"学技能,用技能"的教学指导思想

在传统的高校体育课程教学中,教学重点往往是技能的传授与学习。学生被要求掌握特定的体育技能,以此作为增强体质、促进健康的一种手段。然而,这种传统的教学模式在技能习得后的进一步应用与实践中存在明显的短板,往往仅限于简单的技能考核,缺乏对学生将所学技能应用于实际生活的引导和训练。相比之下,体育俱乐部课程学习所倡导的"学技能,用技能"教学指导

思想,具有更加深远的教育意义。这一思想强调技能的实用性,不仅要求学生掌握运动技能,更注重引导学生理解学习这些技能的目的和意义,以及如何将它们灵活运用于日常生活中。这种教学模式使得体育俱乐部课程学习变得更具针对性和实效性。高校体育俱乐部课程的设置,应当紧密围绕"学技能,用技能"的指导思想,明确教学目标和内容。通过系统的课程学习和训练,使学生能够至少熟练掌握一项运动技能,并鼓励他们在实际生活中积极运用这些技能。

(三)"促快乐,增健康"的教学指导思想

"增强体质、增进健康",始终是学校体育课程教学指导思想和目标,其中包含的内容是非常丰富的,体现在教学全过程中。传统高校体育课程教学主要是技能考核,忽略了学生参与运动的体验感。而高校体育俱乐部课程教学将增进学生健康贯穿于课程实施的全过程,同时关注学生参与体育运动的体验感——快乐。学生主体的健康包含两方面内容,即身体和心理的健康。明确参与体育活动不仅是要学会运动技能,关键是通过体育运动舒缓情绪,体验快乐。现在高校学生心理问题突出,学生逃避自身心理问题,拒绝学校提供的心理辅导和相关治疗。体育运动作为疏导情绪的有效手段之一,应该应用于学生心理健康干预中。教师在课堂上应关心学生的心理状态,鼓励学生进行技能学习和运动参与,将不良情绪通过体育运动进行疏导。高校体育俱乐部课程形式多样,学生可以根据自身的身体条件和兴趣爱好,选择适合自身的运动项目进行锻炼,从而愉悦身心促进健康,使学生快乐地、系统地学习运动知识、技能和方法,形成运动习惯。

二、高校体育俱乐部课程稳定的教学过程结构

(一)高校体育俱乐部课程教学过程结构的整体性

1. 教学内容与目标的递进式设计

高校体育俱乐部课程的教学内容是经过精心设计的,它遵循着从基础技能到高级技能的递进式发展路径。在教学的初始阶段,重点放在基本技能的掌握上,教师通过系统的讲解和示范,帮助学生打下坚实的基础。随着学生技能水平的提高,教学内容逐渐过渡到技战术的掌握,这一阶段强调技能的运用和战术意识的培养。最终,通过教学比赛和实战对抗,使学生在真实的竞技环境中检验所学技能,实现技能的升华。这种递进式的教学内容设计,不仅符合运动技能学习的自然规律,也能够激发学生的学习兴趣和挑战欲望。学生在每一个阶段都能明确自己的学习目标和方向,从而在教师的引导下,有计划、有步骤地提升自己的运动技能。

2. 运动参与计划的完整性

高校体育俱乐部课程还为学生制订了完整的运动参与计划。这一计划不仅包括了课堂教学内容,还延伸到了课外训练和比赛活动。通过课堂内外的有机结合,形成了一个全方位、多层次的运动技能提升体系。学生在这样的计划中,能够循序渐进地学习技能知识,逐步提高自己的运动水平。此外,运动参与计划的完整性还体现在对不同层次学生的照顾上。无论是初学者还是有一定基础的学生,都能在计划中找到适合自己的学习路径和发展空间。这种个性化的教学安排,使得每一个学生都能在俱乐部课程中找到自己的位置,实现自我价值的提升。

3. 以比赛为驱动的学习动力机制

高校体育俱乐部课程的另一个显著特点是比赛在教学过程中的核心地位。通过组织各种形式的教学比赛和实战对抗,不仅检验了学生的学习成果,也为学生提供了一个展示自我、实现价值的平台。这种以比赛为驱动的学习动力机制,极大地激发了学生的学习热情和竞争意识。在比赛中取得好成绩,不仅是对学生技能水平的肯定,也是对学生努力付出的回报。这种正向反馈机制能够激励学生更加努力地投入到运动技能的学习和训练中,形成良性循环。同时,比赛中的失败和挫折也能成为学生成长的催化剂,促使学生不断反思和进步。

(二)高校体育俱乐部课程教学过程结构的连贯性

1. 教学内容的承接与递进

高校体育俱乐部课程的教学内容设计,注重前后知识点的承接与递进关系。每一节课的教学内容都不是孤立的,而是与前后的教学内容紧密相连,形成一个完整的知识体系。这种连贯性的教学内容设计,有助于学生系统地掌握运动技能,避免知识点的碎片化。在教学实践中,教师会根据学生的实际情况和技能的掌握程度,灵活调整教学进度和难度,确保每一位学生都能够跟上教学的节奏,实现技能的逐步提升。同时,教师还会通过丰富多样的教学手段和方法,激发学生的学习兴趣,使学生在轻松愉快的氛围中,自然而然地掌握运动技能,从而保证教学过程的连贯性。

2. 教学方法的灵活应用与因材施教

高校体育俱乐部课程的教学方法具有高度的灵活性和针对性。面对学生遇到的技术难点,教师会及时调整教学策略,通过详细地讲解和精准的示范,帮助学生突破技术瓶颈。在这一过程中,教师会充分考虑到学生的个体差异,因材施教,为每位学生量身定制合适的教学方案。对于技能掌握较快的学生,教师会给予更高层次的挑战,鼓励学生不断探索和突破自我;而对于技能掌握较慢的学生,教师则会给予更多的耐心和指导,帮助学生逐步克服困难,建立自信。这种个性化的教学方法,不仅有助于保持教学过程的连贯性,还能激发学生的学习兴趣和积极性,使学生在技能习得的过程中不断取得进步。

3. 同伴互助与技能习得的连贯性

高校体育俱乐部课程还强调同伴之间的互助与合作。在技能习得的过程中,高水平技能的学生会主动帮助低水平运动能力的学生,通过同伴的陪同练习和互相鼓励,使后者逐步掌握动作技能。这种同伴互助的学习方式,不仅有助于提升学生的学习效果,还能培养学生的团队协作精神和沟通能力。在同伴互助的过程中,学生之间能够相互学习、取长补短,共同实现技能的进步和提升。这种学习方式不仅保持了教学过程的连贯性,还使学生在轻松愉快的氛围中不断挑战自我、超越自我。

(三)高校体育俱乐部课程教学过程结构的动态性

1. 实时跟踪与记录学生的学习动态

在高校体育俱乐部课程中,学生的学习动态是不断变化的。由于性别、身体素质、心理控制能力等方面的差异,每个学生掌握运动技能的速度和程度都会有所不同。因此,教师需要实时跟踪并记录学生的学习动态,包括技能掌握情况、学习态度、进步幅度等方面的信息。通过实时跟踪记录,教师可以及时发现学生的学习问题和难点,为后续的教学提供有力的数据支持。同时,这也有助于教师更全面地了解学生的个体差异,从而为学生提供更加精准的教学指导。

2. 制订个性化的教学内容、方法和手段

在现代教育中,个性化教学已经成为了一种趋势,它强调因材施教,充分尊重和发挥每一个学生的个性与潜能。为了实现这一目标,教师需要密切关注每个学生的学习动态,进行实时的跟踪记录。这不仅有助于教师更全面地了解学生的学习状况,还能为教师提供有力的数据支持,以便为每个学生量身定制最适合的教学内容和方法。对于技能掌握较快的学生,传统的"一刀切"教学模式显然已不能满足他们的学习需求。因此,教师需要适当增加教学难度,为这些学生提供更多的挑战和刺激。这样不仅可以防止他们因为学习内容过于简单而感到枯燥,还能进一步激发他们的求知欲和探索精神。除了根据学生的学习进度调整教学难度,教师还应充分考虑学生的兴趣和爱好。兴趣和爱好是学生学习的强大动力,如果教师能够结合学生的这些特点来调整教学内容和方法,那么学生的学习积极性将会被极大地调动起来。例如,对于喜欢音乐的学生,教师可以通过音乐与运动的结合,让学生在愉悦的氛围中学习;对于热爱自然的学生,教师可以设计一些户外体育活动,让学生在亲近大自然的同时,也能锻炼身体,提升技能。

3. 及时解决问题,掌握运动技能

在高校体育俱乐部课程中,学生难免会遇到各种问题和困难。教师需要具备敏锐的观察力和判断力,及时发现并解决学生的学习问题。针对学生在技能掌握过程中出现的错误动作或不良习惯,教师要及时给予纠正和指导,帮助学生掌握正确的运动技能。

同时,教师还应关注学生的心理状态,帮助学生克服学习过程中的恐惧、焦虑等负面情绪。通过积极的心理暗示、鼓励和支持,使学生能够保持积极向上的学习态度,更好地投入到运动技能的学习中。

三、高校体育俱乐部课程创新的教学方法体系

(一)模仿练习的教学方法体系

体育教学中主要是通过教师示范,学生模仿练习来学习动作技能。传统高校体育课程教学中,学生通过模仿教师动作反复练习,并在教师的反复纠错中规范动作,掌握动作,但形式单一枯燥,学生在技能学习过程中容易厌烦和放弃。而体育俱乐部课程将采用多种形式的方法来进行教学,教师示范演示、多媒体运用、学生助教纠错练习和情感鼓励,用教学比赛实践来实现学生技能学习的评价。同时学生主体通过多形式不同来源信息的加工处理,反复练习、模仿规范动作从而习得技能,实现运动参与的个人价值。整个学习过程中学生主体目标明确、主观能动性强,学习效果显著。

(二)合作对抗的教学方法体系

高校体育俱乐部课程区别于传统高校体育课程重要的一点就是学生运动竞技水平提升。在体育俱乐部课程教学中,教学比赛是检验学生运动技能水平的方法,比赛中既有合作又有对抗,可以快速地提高学生运动参与的能力,并实现个人运动参与的价值,获得个人成就感更重要的是通过合作与对抗加强学生心理建设能力和承受挫败感的能力,是一种心理素质提升的有效手段。但教师

也要时刻关注在比赛中未获得成就感的学生及反复承受挫败感的学生,并要对其进行心理疏导,避免负面情绪和心理负担,正视问题、解决问题,克服技战术瓶颈,取得对抗中的胜利。而这种合作对抗的教学方法体现了人与人之间的合作与竞争关系,类似于社会生活中的人际关系,有助于提高学生适应社会生活的能力。

第三节 学生导师制高校体育教学模式

一、学生导师制的内涵与实施意义

(一)个性化教育理念的体现

学生导师制是个性化教育理念的重要体现。在传统的教学模式中,学生往往被视为被动接受知识的容器,而教师则扮演着知识传递者的角色。然而,随着教育理念的更新,人们越来越认识到每个学生都是独一无二的个体,学生有着不同的兴趣、才能和发展需求。学生导师制正是在这一背景下应运而生,它强调根据学生的个性特点和需求,提供量身定制的学习计划和指导方案。在学生导师制中,导师会与学生进行深入交流,了解学生的兴趣、特长和发展目标。基于这些信息,导师会为学生制订个性化的学习计划,包括选修课程、实践活动、学术研究等方面的建议。这种个性化的教育模式有助于充分发挥学生的主观能动性,激发学生的学习兴趣和动力,从而培养学生的创新能力和批判性思维。此外,学生导师制还鼓励学生主动参与学习计划的制订和实施过程。通过与导师的互动,学生可以学会如何设定目标、规划时间和分配资源,这些技能对学生的未来发展具有重要意义。因此,学生导师制不仅是个性化教育理念的体现,也是培养学生自主学习和终身学习能力的重要途径。

(二)全面关注学生成长的过程

学生导师制的另一个重要内涵是全面关注学生成长的过程。在传统的教育模式中,教师往往更侧重于学生的学术成绩,而忽视了学生的全面发展。而学生导师制则要求导师不仅关注学生的学术进步,还要关心学生的身心健康、道德品质、社交能力等方面的发展。在学生导师制中,导师会定期与学生进行面对面的交流,了解学生的学习进展、生活状况和心理状态。当学生在学习或生活中遇到困难时,导师会提供及时的帮助和支持,帮助学生克服困难、增强信心。同时,导师还会通过组织各种活动,如学术讲座、社会实践、志愿服务等,来丰富学生的课余生活,提升学生的综合素质。这种全面关注学生成长的过程不仅有助于学生的全面发展,还能够增强师生之间的情感联系。在导师的关心和帮助下,学生会更加信任导师,更愿意与导师分享自己的想法和困惑。这种亲密的师生关系有助于形成积极的学习氛围,激发学生学习的积极性和创造力。

(三)培养高素质创新人才的重要途径

学生导师制是培养高素质创新人才的重要途径。随着科技的不断发展和社会的不断进步,创新已经成为推动社会发展的重要力量。而学生导师制正是通过个性化的指导和全面的关注,来激发学生的创新意识和实践能力。在学生导师制中,导师会鼓励学生积极参与科研项目、学术竞赛和实践活动,通过实践来提升学生的动手能力和解决问题的能力。同时,导师还会引导学生关注学科前沿和热点问题,培养学生的创新思维和批判性思考能力。这些经历不仅能够丰富学生的知识体系和实践经验,还能够为学生的未来发展打下坚实的基础。

此外,学生导师制还有助于培养学生的团队协作精神。在参与科研项目或实践活动中,学生需要与导师和其他同学进行密切的合作与交流。这种团队协作的经历不仅能够提升学生的沟通能力和领导能力,还能够培养学生的团队合作精神和集体荣誉感。这些素质在未来的工作和生活中都是非常重要的。

二、学生导师制在体育专业中的具体应用

(一)专业技能的个性化指导

体育专业的学生需要掌握各种专业技能,如田径、游泳、篮球、足球等。每个学生所擅长的项目和存在的短板各不相同,因此,传统的统一教学模式往往难以满足所有学生的需求。而学生导师制则能够针对每个学生的特点和需求,提供个性化的专业技能指导。在导师的指导下,学生可以根据自己的兴趣和特长选择合适的运动项目进行深入学习。导师会根据学生的身体状况、技术水平和发展潜力,制订个性化的训练计划和提升策略。例如,对于田径项目,导师会针对学生的速度、力量和耐力等方面进行有针对性的训练;对于球类项目,导师则会重点指导学生的技术动作和战术意识。通过个性化的专业技能指导,学生可以更快地提升自己的运动水平,更好地掌握和运用所学技能。同时,这种指导方式也有助于发现和培养学生的特长和潜力,为学生的未来发展打下坚实的基础。

（二）科研与学术能力的提升

体育专业的学生还需要具备一定的科研和学术能力。学生导师制在这方面也发挥了重要作用。导师通常会引导学生参与相关的科研项目或学术研究,培养学生的科研素养和学术能力。在导师的指导下,学生可以学会如何查阅文献资料、设计实验方案、收集和分析数据以及撰写学术论文等。这些过程不仅有助于提升学生的科研水平,还能够培养学生的创新思维和解决问题的能力。这种学术氛围的熏陶有助于拓宽学生的视野,激发学生的学术热情和创新精神。通过与导师和同行的互动与交流,学生可以不断提升自己的学术水平和综合素质。

（三）职业生涯规划与就业指导

体育专业的学生,在即将走出校园、踏入社会的关键时刻,常常对于未来的职业生涯感到迷茫和不知所措。毕竟,他们面临的职业选择是多元化的,可以成为专业教练员,指导新一代的运动员;或者投身赛场,成为职业运动员;还可以担任裁判员,确保比赛的公平公正;更可以涉足体育管理,为体育事业的发展贡献力量。但究竟哪条路最适合自己,这是许多学生思考的问题。而学生导师制,正是在这样的背景下,为学生的职业生涯规划与就业指导点亮了一盏明灯。导师不仅是学业上的指引者,更是学生人生路上的引路人。他们深入了解每位学生的兴趣、特长以及对未来的憧憬,基于这些,为学生提供量身定制的职业规划建议。这样的建议,既考虑到了学生的长远发展,又充分尊重了他们的个人意愿。可以说,学生导师制为体育专业的学生提供了全方位、多角度的职业生涯规划与就业指导服务,真正做到了"扶上马,送一程"。有了这样的指导和帮助,学生们必定能够更加自信、从容地面对未来的挑战,实现自己的职业梦想。

第四节 "互联网+"教学多元融合型大学体育教学模式

一、"互联网+"与体育教学的结合

(一)创新教学理念,实现多学科深度融合

"互联网+"为体育教学带来了前所未有的机遇,使得体育教学不再局限于传统的操场和教室。通过互联网技术,可以将体育与其他学科进行有机融合,从而创造出更加丰富、多元的教学内容。借助动画软件或 3D 建模工具,可以将机械工程中的"结构""力学"等知识点引入体育教学中,帮助学生更加直观地理解人体结构、肌肉发力等原理。这种跨学科的教学方式不仅能够激发学生的学习兴趣,还能够培养学生的综合素养。同时,"互联网+"还推动体育教学与健康维护的深度融合。结合高校营养学、医学、心理学等课程的知识点,教师可以开发出更具针对性的网络精品课程。这些课程可以围绕"体育+健康维护"的主题,通过直播、在线互动等方式,邀请相关专业的师资为学生答疑解惑,从而提升学生的健康意识和自我保健能力。

(二)拓展教学时空,满足学生个性化需求

"互联网+"体育教学的另一大优势在于其能够打破时间和空间的限制,为学生提供更加灵活、便捷的学习方式。通过互联网平

台,学生可以随时随地进行体育知识和技能的学习,不再受制于固定的上课时间和地点。这种教学方式不仅能够满足学生的个性化需求,还能够有效提升学生的自主学习能力和学习效率。此外,"互联网+"体育教学还能够为学生提供更加丰富的体育项目选择。传统的体育教学往往受到场地、器材等条件的限制,难以开展多样化的体育项目。而通过互联网技术的支持,学生可以接触到更多的体育项目种类,并根据自己的兴趣和爱好进行选择。这种个性化的学习方式有助于激发学生的学习兴趣和动力,提升学生的运动技能和身体素质。

(三)优化教学组织,提升教学效果

"互联网+"的时代背景为体育教学的组织形式注入了新的活力,催生了诸多创新实践。其中,大学生自建的体育社团便是一个鲜明的例子。这些社团在互联网技术的有力支撑下,得以接触到前所未有的丰富教学资源和专业指导。教师可以以顾问或指导者的身份灵活介入,为各个体育社团"量身定制"教学服务,从而充分满足学生群体的差异化需求。这种新型的组织形式,不仅促进了学生个性化的体育发展,也为教师提供了更广阔的教学舞台。教师可以根据实际情况,为不同的体育社团设计独特的教学计划和活动内容,使教学更加贴近学生的实际需求,进而提升教学效果。此外,"互联网+"还推动了校际间的体育教学合作与资源共享。借助互联网平台,不同学校的体育教师得以跨越地域限制,进行实时的教学研讨和经验交流。这种跨校的合作模式,不仅有助于教师之间相互学习、共同进步,更能促进体育教学理念和方法的更新迭代。同时,学生也从中受益匪浅。通过网络平台,参与到各种校际体育活动和竞赛中,与来自不同学校的同学切磋技艺、交流

心得。

二、"互联网+"在大学体育教学中的应用

(一)构建线上教学平台,实现教学资源的共享与互动

随着互联网技术的不断发展,线上教学平台已经成为大学体育教学的重要组成部分。通过构建线上教学平台,教师可以上传教学视频、课件等教学资源,供学生随时随地进行学习。这种方式不仅打破了时间和空间的限制,还让学生能够根据自己的学习进度和兴趣进行自主学习。同时,线上教学平台还提供了丰富的互动功能,如在线讨论、问答等,使得学生能够及时与教师和其他学生进行交流和讨论,从而加深对体育知识和技能的理解。这种互动式的教学方式有助于激发学生的学习兴趣和积极性,提高学习效果。此外,线上教学平台还可以为教师提供学生的学习数据和反馈,帮助教师更好地了解学生的学习情况,以便进行针对性的指导和帮助。

(二)提高体育教学的直观性和趣味性

在大学体育教学领域,多媒体技术的应用已经日渐普及,并且显示出其独特的优势。借助视频、动画及图像等多媒体形式,教师能够将复杂的体育动作和技巧进行分解与展示,从而使学生更为直观、深入地理解每一个动作细节。以篮球教学为例,多媒体技术在此发挥了举足轻重的作用。教师可以精心挑选和制作篮球基本动作与战术配合的视频教程,其中包括但不限于运球、投篮、突破、传球以及快攻、联防等战术的展示。通过高清的视频和流畅的动

画,学生可以清晰地观察到每一个细微的动作变化,进而加深对篮球技术和战术的理解。这种教学方式不仅极大地提高了学生对于篮球学习的兴趣和热情,更使得他们能够在较短的时间内掌握更多的篮球技能。多媒体的呈现方式让学生能够更加主动地参与到学习过程中,通过不断进行观察、模仿和实践,逐步提升自己的篮球水平。此外,多媒体技术还具备模拟实战场景的功能,这为学生提供了一个安全的虚拟实战环境。在这样的环境中,学生可以进行实战演练,模拟各种比赛场景,锻炼自己的实战能力和应变能力。这种模拟实战的教学方式,不仅有助于学生将理论知识转化为实际操作,还能够在一定程度上减少实战中可能出现的风险,为学生的全面发展提供有力保障。

(三)引入智能化教学辅助工具,提升体育教学的科学性

随着智能化技术的日新月异,大学体育教学也正在经历一场深刻的技术变革。如今,越来越多的智能化教学辅助工具被融入体育教学中,这些工具基于先进的算法和大数据技术,能够精确地获取并分析学生的身体数据与运动表现。智能穿戴设备作为其中的佼佼者,已经成为学生们日常训练的重要伴侣。这类设备可以实时地监测并记录学生的心率、血压、步频以及运动轨迹等关键数据。通过这些数据的反馈,学生不仅能够及时了解自己的运动状态和体能状况,还能根据数据的波动调整训练强度和策略,从而确保训练的科学性和安全性。而运动分析软件则为学生提供了另一维度的支持。这类软件通过高清摄像头或传感器捕捉学生的运动动作,然后运用复杂的算法对这些动作进行深入分析。软件能够精准地识别出学生动作中的不规范之处,比如姿势的偏差、动作的

不协调等,并给出具体的改进意见和训练建议。这样,学生就能在短时间内发现并纠正自己的错误,从而提高训练效率和运动表现。

三、"互联网+"体育教学的挑战

(一)技术融合与应用的难题

"互联网+"体育教学的核心在于将互联网技术与体育教学深度融合,然而这并非易事。一方面,体育教师需要具备一定的信息技术能力,才能有效地利用互联网平台进行教学。但目前,并非所有体育教师都具备这种能力,这就需要学生进行额外的技术学习和培训,这无疑增加了教学难度和成本。另一方面,互联网技术的更新换代速度极快,新的教学工具和平台层出不穷,这就要求体育教师不断学习和适应新技术,否则就可能落后于时代。此外,技术应用的稳定性也是一大挑战。在线教学平台的稳定性和兼容性直接影响着教学效果和学生学习体验。如果平台经常出现卡顿、崩溃等问题,不仅会打断教学进程,还可能降低学生的学习兴趣和积极性。

(二)学生学习效果的评估与反馈

在传统的体育教学环境中,教师与学生之间的交流和评估是直观且即时的。教师可以通过实时的观察、面对面的指导和及时的反馈,精确地把握学生的学习进度和技能掌握情况。随着"互联网+"体育教学模式的兴起,这种传统的评估方式遭遇了新的挑战。在这一模式下,教师与学生的物理距离被拉大,直接的观察和即时的互动变得不再容易。虽然现代化的在线平台提供了丰富的学习数据和分析工具,试图通过数据化的方式来弥补这一缺失,但这些数字化的评估手段仍有其局限性。现有的在线学习数据,如学习时间、课程完成度等,虽然能从一定程度上反映学生的学习情况,但它们往往只能揭示学生的表面行为,而无法深入到学习效果的本质。比如说,一个学生可能花费了大量的时间在线学习,但这并不直接等同于他或她真正掌握了所学的体育技能。

因此,在"互联网+"体育教学时代,如何构建一套既能捕捉学生学习行为,又能准确反映其学习效果和技能提升情况的在线评估体系,显得尤为重要。这一体系需要综合考虑学生的学习时间、完成度、互动情况、作业质量等多维度数据,同时还要结合教师的专业判断,以确保评估的全面性和准确性。此外,体系还应具备足够的灵活性,以便根据学生的个体差异提供个性化的教学反馈和指导建议,从而真正实现因材施教的教育理念。这无疑对"互联网+"体育教学提出了一项巨大的挑战,但也是推动其持续发展和优化的关键所在。

(三)隐私保护与数据安全

在"互联网+"体育教学的新模式下,学生个人信息的数字化存储和在线处理变得愈发普遍。这一变革虽然为教学带来了前所未有的便捷性,但同时也伴随着数据安全与隐私保护方面的严峻挑战。由于大量的学生个人信息和学习数据被集中存储在云端或在线教学平台上,这些数据的完整性、机密性和可用性就显得尤为重要。数据安全性的考量不仅涉及技术层面的防护,如加密技术的应用、访问控制的实施等,更包括管理层面的策略,例如定期的数据备份、灾备计划的制订等。任何安全漏洞或恶意攻击都可能导致学生信息的泄露,进而造成身份盗用、欺诈等严重后果。因此,对在线平台的数据安全能力提出了极高的要求。隐私保护同样是一个不容忽视的问题。在数字化时代，个人隐私的边界变得模糊，学生的个人信息有可能在不知不觉中被用于商业分析、广告推送等目的。一些在线教学平台可能会在未征得学生明确同意的情况下，将其数据用于市场分析或与其他第三方共享，这种行为无疑侵犯了学生的隐私权。

四、"互联网+"体育教学的展望

（一）技术革新推动教学模式持续升级

未来，"互联网+"体育教学将进一步受益于技术的持续革新。随着5G、大数据、云计算等先进技术的普及，体育教学的线上线下融合将更加紧密。高速的网络传输将使得实时互动教学成为可能，无论是身处城市的学校还是偏远地区，学生都能享受到高质量的教学资源。大数据技术的应用则能够帮助教师更精准地分析学生的学习情况，为学生提供个性化的教学方案。同时，虚拟现实（VR）和增强现实（AR）技术有望在体育教学中发挥更大作用，通过模拟真实的运动场景，让学生在安全的环境下进行实战演练，极大地提升教学的趣味性和实效性。

（二）智能化教学系统将广泛应用

智能化教学系统代表着"互联网+"体育教学的前沿发展方向。这些高度智能化的系统融合了先进的数据分析、机器学习和人工智能等技术，能够深度洞察学生的个性化需求。系统通过收集并分析学生的身体条件、运动能力、健康状态等多维度数据，为每位学生智能推荐与其特点相匹配的训练计划和教学内容。在智能化教学系统的支持下，体育教学变得更加精细和科学。系统能够实时监测学生在运动过程中的各项数据,如心率、运动轨迹、力量输出等,并根据这些数据动态调整训练难度和节奏。这种即时反馈和调整机制,确保了每位学生都能在最适合自己的水平上获得最大的技能提升和体能发展。此外,智能化教学系统还为教师提供了强大的数据分析工具。通过对学生学习数据的深入挖掘和分析,教师可以更全面地了解学生的学习进度、难点和问题所在,从而进行更加精准的指导和帮助。这种数据驱动的教学方式,不仅提升了教学效果,也大大减轻了教师的工作负担。

(三)全球体育教学资源共享成为可能

在"互联网+"的时代浪潮下,体育教学正迎来前所未有的机遇。其中,全球体育教学资源的共享成为了一个引人注目的新趋势,这得益于信息技术的迅猛发展和网络覆盖的日益广泛。通过精心搭建的国际性体育教学平台,教师与学子们得以突破传统的地域限制,实现跨国界的知识与经验交流。更为重要的是,这种全球性的资源共享不仅提升体育教学的专业水准,还促进了不同文化间的体育交流与理解。学生们在学习体育技能的同时,也在了解和体验着世界各地的体育文化,这无疑有助于培养他们的国际视野和跨文化交流能力。展望未来,我们有理由相信,随着这一趋势的深入发展,将会涌现出更多具有国际竞争力的体育人才。他们不仅将具备扎实的体育技能,还将拥有丰富的文化素养和开放的世界观。这些人才的加入,无疑将为全球体育事业的蓬勃发展注入新的活力和创新力量。

第四章　高校体育教学方法的改革与创新

第一节　高校体育教学中多媒体技术的应用

一、多媒体教学技术的特征

(一) 多维性

1. 信息处理的扩展与深化

多媒体技术的多维性表现在其对信息处理的广泛性和深入性上。在传统的高校体育教学中,教师往往只能依赖口头讲解和简单的动作示范来传授知识,这种方式的局限性在于信息传递的单一性和有限性。然而,多媒体技术的引入极大地扩展了信息处理的范围,使得教师可以利用图像、音频、视频等多种媒体形式来展示教学内容。例如,教师可以通过播放专业运动员的动作视频,让学生更加直观地了解动作要领和技术细节,从而加深对动作的理解和掌握。此外,多媒体技术还能对输入的信息进行深度加工和变换。通过对图像进行放大、缩小、旋转等操作,或者对视频进行慢放、快进等处理,教师可以帮助学生更加清晰地观察到动作的每一个细节,进而提升教学效果。这种信息处理的扩展与深化,不仅丰富了教学内容,还提高了学生的学习兴趣和积极性。

2. 动作演示的清晰化与直观化

多媒体技术的多维性还体现在其能够将动作演示呈现得更加清晰和直观。在传统体育教学中,由于教师的动作示范受到时间、空间和个人能力的限制,学生往往难以全面、准确地掌握动作要领。而多媒体技术则能够打破这些限制,通过高清的视频和图像展示,让学生清楚地观察到每一个动作细节。在教授篮球投篮技巧时,教师可以利用多媒体技术展示专业篮球运动员的投篮动作视频,并通过慢放、定格等功能,让学生仔细观察投篮姿势、手指手腕的动作以及篮球的飞行轨迹等关键要素。这种清晰直观的动作演示方式,不仅有助于学生更快地掌握投篮技巧,还能减少因错误动作而导致的运动损伤风险。

3. 教学效果的加强与提升

多媒体技术的多维性对教学效果的加强与提升也起到了至关重要的作用。在传统体育教学中,教学效果往往受到教师个人能力、教学环境和学生个体差异等多种因素的影响。而多媒体技术的引入则能够在一定程度上减少这些不确定因素的影响,使教学效果更加稳定和可靠。通过利用多媒体技术进行辅助教学,教师可以根据学生的实际情况和学习需求,灵活调整教学内容和难度。同时,多媒体技术还能够提供丰富的互动和反馈机制,让学生在学习的过程中得到及时的指导和帮助。这些优势不仅有助于提高学生的学习效果和成绩,还能够培养学生的自主学习能力和创新思维。

图 4-1　多媒体教学技术

（二）集成性

1. 多媒体信息内容的集成

多媒体技术的集成性表现在它能够将不同类别的多种媒体信息，如声音、文字、图像等，有机地进行同步组合，进而形成一个完整、多维的信息呈现方式。在高校体育教学中，这种集成性的应用具有显著的优势。传统的教学方式往往只能依赖单一的信息传递方式，如教师的口头讲解或简单的板书，而多媒体技术则打破了这一限制。例如，在教授某个体育动作时，教师可以通过多媒体技术同时展示动作的文字描述、图像示范以及声音解说。这种多维度的信息呈现方式不仅能够帮助学生更加全面、深入地理解动作要领，还能激发学生的学习兴趣，提高学习效果。此外，多媒体技术的集成性还体现在它能够将这些不同类别的媒体信息进行实时的同步组合。这意味着,当教师在讲解某个动作时,相关的图像、视频和声音可以同步播放,从而使学生能够更加直观地理解教师的讲解内容。这种同步性不仅提高了教学效率,还增强了学生的学习体验。

2. 多媒体信息处理工具与设备的集成

多媒体技术的集成性还体现在处理这些信息的工具或设备的集成上。这包括视频设备、储存系统、音响设备以及计算机系统等。在高校体育教学中,这种设备和工具的集成性为教学实践提供了极大的便利。例如,教师可以通过计算机系统轻松地管理和调用各种教学资源,如教学视频、动作图像等。同时,音响设备可以为学生提供清晰的声音解说,而视频设备则可以实时捕捉和展示学生的动作表现,便于教师进行及时的指导和纠正。这种设备和工具的集成不仅提高了教学效率,还使得教学更加灵活多样。教师可以根据学生的实际需求和反馈,随时调整教学方式和内容,从而实现个性化的教学。此外,这种集成性还有助于降低教学成本,提高教学资源的利用率。

(三) 交互性

1. 人与人之间的交互

在多媒体技术的支持下,高校体育教学实现了更加便捷、高效的人与人之间的交互。传统的教学中,师生之间的互动主要局限于课堂之上,且受限于时间和空间。然而,多媒体技术为师生提供了更多交互的渠道和方式。例如,教师可以通过网络平台发布教学视频、动作解析等多媒体资源,学生在课后可以随时随地进行观看和学习。同时,学生还可以通过网络平台向教师提问,教师也能及时给予解答和指导。这种交互方式不仅打破了时间和空间的限制,还使得每一个学生都能得到个性化的辅导,从而提高学习效果。此外,多媒体技术还为学生之间的交互提供了便利。学生可以通过网络平台进行小组讨论、协作学习等活动,共同解决学习中遇到的问题,分享学习心得和体会。这种学生之间的交互不仅能够培养学生的团队协作能力,还能激发学生的学习热情和创造力。

2. 人与机器之间的交互

人与机器之间的交互是多媒体技术交互性的另一重要体现。在高校体育教学中,这种交互主要体现在学生与多媒体教学系统之间的互动上。多媒体教学系统通常具有丰富的交互功能,如菜单选择、按钮点击、拖拽操作等。学生可以通过这些交互功能与系统进行互动,自主选择学习内容、控制学习进度、进行模拟测试等。例如,学生可以通过点击按钮选择想要学习的体育项目,系统会根据学生的选择播放相应的教学视频或提供相关的文字资料。这种交互方式使学生能够根据自己的学习需求和兴趣进行个性化的学习,提高学习效率。同时,多媒体教学系统还能提供即时的反馈机制。学生在学习过程中遇到问题或困惑时,系统可以即时给出提示或解答,帮助学生及时解决困难。这种即时的反馈不仅能够增强学生的学习动力,还能使教师及时了解学生的学习情况,为后续的教学提供参考。

3. 机器与机器之间的交互

随着物联网、云计算等技术的发展,机器与机器之间的交互在高校体育教学中也扮演着越来越重要的角色。这种交互主要体现在智能教学设备之间的数据共享与协同工作上。智能体育器材如智能跑步机、智能哑铃等可以通过无线网络连接并共享数据。当学生在智能跑步机上进行跑步训练时,跑步机会实时记录学生的运动数据并上传到云端服务器。同时,教师端的教学管理系统可以实时获取这些数据并进行分析处理,为学生提供个性化的训练建议和反馈。这种机器与机器之间的交互不仅提高了教学的智能化水平,还为学生的科学训练提供了有力支持。

(四)数字化

1.数字化特征

在多媒体计算机系统中,各类媒体信息,如文字、图像、音频、视频等,均以数字形式进行存储与处理。这种数字化处理方式具有诸多优势,如存储空间小、传输速度快、易于编辑和修改等。数字化技术使得多媒体教学资源的获取、处理和传播变得更加便捷和高效。在图形处理方面,矢量图形和点阵图像都以数字形式存储,便于进行缩放、旋转和变形等操作,同时保持图像的清晰度和质量。在音频和视频处理方面,数字编码方式使得音频和视频的存储、传输和播放更加高效和稳定,为远程教育和在线学习提供了有力支持。

2.实时性特征

多媒体教学技术的实时性特征主要体现在对时间相关的声音、视频信号等的处理上,以及人机交互显示、操作和检索等操作的实时完成要求。这一特征使得多媒体教学能够更加生动、真实和及时地反映教学内容,提高教学效果。在在线直播教学中,教师需要实时传输声音和视频信号,与学生进行互动交流。多媒体教学技术的实时性特征确保了声音和视频的流畅传输,使得教师能够及时回应学生的问题,增强教学的互动性和针对性。此外,在虚拟现实(VR)和增强现实(AR)等新型多媒体教学方式中,实时性特征也至关重要,它能够确保用户获得沉浸式的学习体验。

3. 分布性特征

多媒体教学技术的分布性特征主要体现在多媒体数据的多样性和广泛应用上。由于多媒体数据种类繁多,它们可能分布在不同的时间和空间,因此在不同的领域中得到了广泛应用。例如,在教育领域,多媒体教学技术可以应用于课堂教学、远程教育、在线教育等多个方面。在商业领域,它可以用于产品展示、广告宣传等。在医疗领域,它可以用于医学教育、手术模拟等。这种分布性特征使得多媒体教学技术具有更强的适应性和灵活性,能够满足不同领域的需求。

4. 综合性特征

多媒体教学技术的综合性特征,正是现代科技与教育结合的典范。不仅仅是将各种媒体设备简单堆砌,而是通过一个高效的系统将它们完美融合,形成一个和谐统一的教学环境。这种综合性不仅在于物理设备的集成,更体现在信息内容的整合上。这种综合性的优势是显而易见的。首先,它极大地提高了教学资源的利用效率。在过去,教师可能需要准备大量的纸质材料或幻灯片,而现在,所有的教学资源都可以数字化,存储在计算机中,随时调用,大大节省了准备和整理资料的时间。多媒体教学技术的综合性也极大地丰富了教学手段和教学内容。教师可以通过文字、图像、音频和视频等多种方式展示知识,使得抽象的概念变得更加直观,更易于学生理解和掌握。总的来说,多媒体教学技术的综合性特征不仅提高了教学效率,还使得教学更加生动有趣,为学生创造了一个前所未有的学习环境。

二、多媒体在高校体育教学中的应用优势

（一）多媒体技术使高校体育教学观念得到了更新

高校体育教学的传统教学模式是以教师的"教"为重心,在高校体育教学中应用多媒体技术,能够使此种传统高校体育教学模式发生改变。体育教师授课时,利用现代化的多媒体教学手段和人机交互活动与学生开展交流活动,使学生的体育参与意识得到激发,将体育多媒体教学的教学思想进行展现,形成了以学生的"学"为中心的教学观念。这都能够极大地促进高校体育教学方法的实践性与多样性变革,改变学生体育知识与体育技能的学习思路与方式。

（二）多媒体技术使高校体育教学的质量得到提高

在传统的体育理论课教学中,教师主要的教学方式是以讲授为主,以挂图等展示方式为辅;在实践课中则需要体育教师进行讲解与示范。但在主观条件与客观条件的约束下,很难做到完全规范、标准的技术动作示范,在较短的时间内,学生也很难形成正确的动作概念,这样的教学效果可想而知。

新媒体技术的实施使得上述状况得到改变,在声音、文字与图像的辅助下体育课程的抽象概念得以具体化、形象化,计算机还能够模拟演示难度较高的体育技术动作。而在对速度较快、结构复杂的技术动作进行讲解与示范的过程中,取得的效果则将更加明显。在多媒体技术的支持下,通过慢动作使学生对这一系列动作进行清晰的感知,促进相关体育概念的形成与动作要领的掌握,方便其进行模仿与尝试,使得高校体育教学的效率与效果得到极大

提高。

（三）多媒体技术使学生的体育学习效果得到提高

多媒体技术能够使人的视觉、听觉等多种感官系统得到刺激，促进大脑不同功能区域交替活动的开展，促进体育学习内容生动化、形象化地发展，增强高校体育教学活动的趣味性与直观性，方便学生对体育技术动作的理解。多媒体技术对字体、色彩、图表、音乐和动画等多种表现手段进行了综合利用，实现了"声图并茂""有声有色"，使得高校体育教学内容的艺术表现力与强烈感染力得到增强、课堂氛围得到活跃，特别是多媒体教学资料中对肢体和谐美、力量美与技艺美的体现，使学生对体育的功效与个性的社会价值取得真正的认识，使学生的求知欲与体育学习的热情得到激发，进而使学生的体育学习兴趣与体育课堂教学的质量得到有效提高。

三、多媒体技术在高校体育教学中的挑战与展望

（一）挑战

1. 教师技能与素养的提升需求

教师技能与素养的提升需求，是当前高校体育教学中亟待解决的问题之一。随着多媒体技术的快速发展，这一技术在教育领域的应用越来越广泛，为传统的教学方式注入了新的活力。然而，要想充分发挥多媒体技术在教学中的优势，教师必须具备一定的计算机操作能力和多媒体教学理念。目前，部分高校体育教师在多媒体技术方面的技能和经验相对欠缺。一些教师可能只是简单

地使用 PPT 等基础工具,而对于更高级的多媒体制作软件、交互式教学工具等则了解不多。这种情况在年纪较大的教师中尤为明显,学生可能面临更大的学习压力,因为新技术的掌握需要一定的时间和精力投入。

2. 多媒体教学资源与内容的整合

多媒体教学资源与内容的整合,确实是高校体育教学在新时代背景下所面临的一个重要挑战。随着互联网技术的飞速发展,网络资源变得日益丰富,各类体育教程、视频、图像等多媒体资料层出不穷。这无疑为高校体育教学提供了更为广阔的资源选择,但同时也带来了如何有效整合与利用这些资源的难题。为了筛选出适合教学的多媒体资源,教师需要投入大量的时间和精力。学生不仅要仔细甄别资源的真实性和准确性,确保所选取的内容与教学目标相吻合,还要关注资源的适用性和趣味性,以激发学生的学习兴趣。这一过程中,教师需要具备敏锐的信息筛选能力和对教学内容的深入理解。

3. 技术依赖与过度使用的问题

技术依赖与过度使用的问题,在当今高校体育教学中愈发凸显。虽然多媒体技术以其直观、生动的展示方式,极大地丰富了教学手段,提升了学生的学习兴趣,然而,任何技术都是一把双刃剑,过度依赖和不当使用多媒体技术也可能带来一系列问题。一些学生可能过于关注多媒体的展示效果,例如精美的动画、震撼的音效等,而忽视了对运动技能的学习和掌握。学生沉浸在多媒体带来的视觉和听觉盛宴中,却忽略了体育教学的本质——提升运动技能和身体素质。这种本末倒置的学习态度,长此以往,必将影响学生的体育学习效果。

(二)展望

1. 个性化与智能化教学的实现

随着科技的飞速发展,大数据、人工智能等尖端技术日益融入教育领域,为高校体育教学带来了前所未有的变革。这些技术不仅改变了传统的教学方式,还为个性化与智能化教学的实现提供了强大的技术支持。然而,随着大数据和人工智能技术的应用,教师现在可以通过收集和分析学生的学习数据,深入了解每个学生的学习习惯、能力水平和兴趣爱好。这些数据包括学生的学习时长、完成作业的情况、课堂参与度、运动技能掌握情况等,都可以为教师提供宝贵的参考信息。基于这些数据,教师可以为每个学生量身定制个性化的教学方案。例如,对于技能水平较高的学生,教师可以提供更多的高级技巧和策略训练;而对于基础较差的学生,教师则可以从基础技能入手,逐步提升其运动能力。这种个性化的教学方式不仅可以更好地满足学生的学习需求,还能有效提高教学效果。同时,智能教学系统也在高校体育教学中发挥着越来越重要的作用。这些系统可以根据学生的学习进度和反馈,实时调整教学策略,以确保每个学生都能得到最适合自己的教学支持。例如,当系统检测到某个学生在某个技能上存在困难时,它可以自动推荐相关的教学资源和练习,帮助学生尽快克服困难。

2. 虚拟现实与增强现实技术的应用

在科技日新月异的今天,虚拟现实(VR)和增强现实(AR)技术为高校体育教学带来了新的革命性变革。这两种技术通过模拟真实的环境和场景,为学生提供了一种全新的、沉浸式的学习体验。在体育教学中,虚拟现实技术可以为学生创造一个逼真的运动场景,让学生在其中进行各种体育训练。无论是足球、篮球还是游泳等运动项目,学生都可以在虚拟环境中进行模拟训练,感受真实的运动氛围。这种教学方式不仅可以激发学生的学习兴趣和积极性,还能帮助学生在安全的环境中进行技能练习,有效提升运动技能。而增强现实技术则可以将虚拟的信息叠加到现实世界中,为学生提供更加丰富的视觉体验。例如,在篮球教学中,教师可以通过增强现实技术在学生面前展示标准的投篮姿势和篮球轨迹,帮助学生更好地理解和掌握投篮技巧。这种直观、生动的教学方式可以大大提高学生的学习效果和兴趣。

3. 线上线下融合教学模式的推广

近年来,受全球疫情等因素的影响,线上教学逐渐成为高校体育教学的重要组成部分。然而,单纯的线上教学也存在一定的局限性,如缺乏实践操作和师生互动等。因此,线上线下融合的教学模式应运而生,成为未来高校体育教学的发展趋势。线上线下融合教学模式结合了线上教学的便捷性和线下教学的实践性,旨在为学生提供更加全面、丰富的学习体验。在这种模式下,学生可以在线上完成理论知识的学习和基础技能的训练。通过观看教学视频、参与在线讨论和完成在线作业等方式,学生可以灵活安排学习时间,自主掌握学习进度。而线下课程则更加注重实践操作和团队合作能力的培养。教师可以在实体课堂上组织学生进行实际的运动训练、技能操作和团队对抗等活动,帮助学生将理论知识转化为实践技能。同时,线下课堂也为师生提供了面对面的交流机会,有助于增进师生感情和促进教学相长。这种线上线下融合的教学模式不仅有效提高了学生的自主学习能力和团队协作能力,还弥补了单纯线上教学的不足。学生可以在线上获取丰富的学习资源和信息,而线下实践则让学生有机会亲身感受运动的魅力,提升实际操作能力。

第二节　高校体育教学中微课的应用

一、微课概述

(一)微课的概念

微课这一新颖的教学模式,近年来在教育领域引起广泛的关注。微课即微小课程,其核心在于通过简短的视频形式,精准地展示教师在课堂内外教学活动中的关键环节和知识点。这种教学模式的出现,不仅极大地丰富了教学手段,更为学生提供了一个全新的学习平台。从定义上来看,微课主要以视频为载体,这种形式的直观性和动态性使得抽象的知识点变得生动且易于理解。视频可以轻松地捕捉教师的讲解过程、示范动作以及学生的互动反应,从而全方位地展示教学环节的真实面貌。与传统的课堂教学相比,微课更注重知识点的精炼和针对性,每一个微课视频都是对某一知识难点或重点的深入剖析和讲解。微课的另一大特点是其便携性和灵活性。在数字化和移动互联网日益普及的今天,学生们可以随时随地通过手机、平板等便携设备观看微课视频,进行碎片化的学习。这种学习方式打破了时间和空间的限制,使学生在任何时间、任何地点都能有效地吸收知识,大大提高了学习效率。

图 4-2　投掷实心球教学微课展示

（二）微课的组成

微课作为现代教育技术的一种创新形式，其构成并非仅限于简单的课堂教学视频。这些视频，也即示例片段，固然是微课的核心组成部分，它们以直观、生动的形式展现了教师的教学风采和知识点的精髓。然而，微课的魅力并不仅限于此。除了视频内容，微课还包含了一系列与教学主题紧密相关的辅助性教学资源。这些资源包括丰富的素材课件，它们为学生的学习提供了更多的背景信息和实例；精心的教学设计，确保了教学内容的连贯性和逻辑性；还有针对性的练习测试，帮助学生巩固所学知识并检验学习效果。此外，教师点评、教学反思和学生反馈等环节也是微课不可或缺的部分，它们为教学提供了宝贵的反馈和改进方向。这些资源并不是孤立存在的，而是在一定的呈现方式和组织关系下，共同构成了一个完整的资源单元。这个单元具有主题式的半结构化特征，既保证了教学内容的系统性，又赋予了教师一定的灵活性和创造性。

(三)微课的特点

1. 碎片化学习的革命

微课以其独特的碎片化学习模式,正在引领一场教育领域的学习革命。在快节奏、高效率的现代社会中,人们很难抽出大段时间进行系统的学习。微课视频恰好满足了这一需求,每个视频大约 10 分钟的时长,使得学习者可以利用任何细碎的时间进行学习,无论是在公交车上、排队等餐时,还是在工作间隙,都可以轻松打开手机或电脑,进行学习。这种碎片化的学习方式,极大地提高了学习的灵活性和便捷性。传统的 45 分钟课堂教学,虽然系统全面,但往往因为时间、地点的限制,让许多想要学习的人望而却步。而微课,将原有的段状课程内容进行点状切分,每个点都聚焦一个具体的知识点或技能点,让学习者能够在短时间内集中精力突破一个学习重点。

2. 重点突出的教学设计

微课的碎片化特点,对教师的教学设计能力提出了更高的要求。在仅有的 10 分钟内,教师需要精准地把握教学内容的重点和难点,以清晰、逻辑严密的方式呈现出来。这不仅仅是对知识点的简单罗列,更是对教师教学智慧的考验。为了在短时间内吸引学生的注意力并激发学生的学习兴趣,教师需要深入挖掘课程内容的亮点,以生动有趣的方式展示出来。这要求教师在备课时,不仅要对课程内容有深入的理解,还要具备创意和想象力,以设计出既有趣又富有启发性的微课。

3. 师生交互性的增强

微课作为一种创新型的教学形式,在提升学生学习兴趣的同时,也极大地增强了师生之间的交互性。在传统的课堂教学中,教师往往是知识的单向传授者,学生则处于被动接受的状态。而在微课教学模式下,这种单向的信息传递被打破,取而代之的是更加活跃、多元的师生互动。教师可以通过微课平台及时收集学生的学习反馈和疑问,针对学生的实际情况进行个性化的指导。这种即时的互动和反馈机制,不仅有助于教师更好地了解学生的学习需求,还能够及时调整教学策略,使教学更加贴近学生的实际需求。对于学生而言,微课的交互性也为学生提供了更多表达自己观点和想法的机会。学生可以通过评论区、在线问答等方式,与教师和其他同学进行交流和讨论,共同解决问题,拓展思维。

4. 教学资源能够反复多次使用

在微课的模式下,学生能够按照自身的实际需要,随时随地开展体育学习活动,改善学习效果。例如,在课程开始之前,学生可以通过微课来预习运动技能,课后则可以巩固难点和重点、练习课上学习的动作,等等。此外,微课教学模式的使用还可以使学生课程学习的积极性得到增强。

二、微课在高校体育教学中的应用

(一)应用在学生体育需求调研中

在制作体育微课之前,教师需要细致地梳理课程内容,精心提取出体育教学中的重点和难点。这一步骤至关重要,因为它能确保微课内容的针对性和实效性。同时,为了增加微课的吸引力和时效性,教师应结合当前的体育栏目热点和新闻,将这些元素巧妙地融入微课制作中。完成微课制作后,教师可以通过移动互联网的各种渠道,如学校官方网站、社交媒体或教学平台,进行广泛传播。这种传播方式不仅覆盖面广,而且能够迅速收集到学生的反馈。通过观察和分析微课的点击率以及学生在帖子中的评论内容,教师可以有效地评定体育课程内容的合理性和受欢迎程度。此外,这种前期的微课传播方式还能起到调动学生体育学习积极性的作用。当学生对即将学习的内容有所期待时,学生的参与度自然会提升。这种期待不仅源于微课内容的吸引力,还因为学生知道学生的声音和反馈能够被教师听到和重视。

(二)应用在体育课程设计中

在体育课程设计中,微课的应用不仅补充了传统的高校体育教学模式,更使得原本的体育课程设计思路得到了全新的定义。这种变化是多媒体时代下高校体育教学发展的必然结果,也是教育教学改革与创新的重要体现。以室内理论课为例,传统的课堂教学往往以教师讲授为主,学生处于被动接受的状态。然而,通过引入微课,教师可以设计更加公平、自由的体育课程,增加师生之间的交流互动。这种新型的教学模式不仅能够更新教师的教学思维,还能够有效提升学生的学习热情。具体来说,教师可以利用微课来呈现一些生动的体育案例、运动技巧的详细解析等内容,让学生在观看微课的过程中更好地理解和掌握体育知识。同时,教师还可以在课堂上组织学生进行讨论和分享,鼓励学生提出自己的观点和疑问,从而营造出更加活跃、自由的学习氛围。此外,微课的应用还能够促进体育课程的多样化和个性化发展。教师可以根据学生的兴趣和需求,制作不同主题的微课内容,以满足学生的个性化学习需求。

（三）应用在体育课程教学中

在体育课程教学中,微课的应用具有显著的优势和灵活性。一方面,教师可以通过设计新颖的微课来导入新课内容,结合时事体育热点,吸引学生的注意力,激发学生的学习兴趣。这种方式能够有效地调动学生的积极性,使学生更加主动地参与到体育课程中来。

另一方面,对于体育教学中复杂的教学动作,教师可以利用微课进行直观、生动的展示。通过重复播放微课视频,学生可以更加清晰地观察到每一个动作细节,从而更好地理解和掌握运动技能。这种教学方式不仅能够提高学生的学习效率,还能够降低教师的教学难度,实现教学相长。此外,微课的应用还能够丰富体育教学的手段和形式。教师可以根据学生的实际情况和学习需求,灵活运用微课进行辅助教学。例如,在练习高难度动作时,教师可以先通过微课向学生展示动作要领和注意事项,然后再进行实地练习。这种方式能够有效地提高学生的练习效果和安全性。同时,微课的引入还能够促进体育教学的创新与发展。教师可以结合微课的特点和优势,不断探索新的教学方法和手段,以满足学生的学习需求和时代的发展要求。

（四）应用在体育课后辅导中

在传统的体育课堂教学中,尽管教师会尽力面面俱到地讲授内容,但由于课堂时间有限,难免存在部分学生无法与教学节奏同步或未能充分掌握所学运动技能的情况。因此,当体育课堂教学结束后,微课便成了一个有力的补充工具。教师可以通过向学生发放包含教学重点的微课视频,帮助学生进行课后复习和巩固。

这种方式不仅方便学生随时随地学习,还能够让学生针对自己的薄弱环节进行有针对性的练习。通过反复观看微课视频,学生可以更加深入地理解和掌握所学内容,从而提升学习效果。此外,微课在课后辅导中的应用还能够促进学生的自主学习和个性化发展。学生可以根据自己的学习进度和兴趣选择适合自己的微课内容进行学习,这种灵活的学习方式有助于培养学生的自主学习能力和创新思维。

三、微课在高校体育自主学习中的应用

(一)提供个性化学习计划

每个学生都是独一无二的个体,学生在体育学习上的需求和兴趣点也各不相同。传统的体育教学模式往往难以满足这种个性化的需求,而微课的出现则为学生提供了更多的选择空间。通过微课,学生可以根据自己的实际情况和学习目标,制订个性化的学习计划。有的学生可能对篮球运球技巧特别感兴趣,学生就可以选择相关的微课进行深入学习。而有的学生则可能更注重体能训练,学生可以选择针对力量、耐力等方面的微课进行训练。这种个性化的学习方式不仅能够提高学生的学习兴趣和动力,还能够让学生在体育学习中找到属于自己的成长路径。此外,微课的灵活性也为学生提供了更多的学习时间和地点的选择。学生可以在课余时间、宿舍、图书馆等任何地方进行学习,不再受到传统课堂时间和地点的限制。这种自由的学习方式让学生能够更加自主地安排自己的学习计划,提高学习效率。

(二)促进自主学习与复习

微课的另一大优势在于其便于自主学习与复习。在体育学习中,学生难免会遇到一些难以理解或掌握的动作和技巧。此时,微课就成为学生的良师益友。学生可以通过反复观看微课视频,深入理解动作要领和技巧,从而更好地掌握所学内容。

同时,微课还为学生提供了课后复习的便利。在传统的体育教学中,学生往往难以在课后及时回顾和巩固所学内容。而有了微课,学生可以随时随地进行复习,巩固所学知识,提高学习效果。微课还可以与其他学习资源相结合,如教材、课件等,形成一个完整的学习体系。学生可以通过微课了解基本概念和动作要领,再结合教材和课件进行深入学习和理解。这种全方位的学习方式能够帮助学生更全面地掌握体育知识,提高学习效果。

(三)实现学习进度跟踪与即时反馈

微课平台通常具备学习进度跟踪和即时反馈的功能,这为学生提供了实时的学习监控和评估。通过微课平台,学生可以清晰地了解自己的学习情况,包括已学习的课程、未完成的课程以及学习进度等。这种可视化的学习进度展示能够帮助学生更好地管理自己的学习时间和计划,确保按照既定的目标前进。同时,微课平台还可以为学生提供即时的学习反馈。例如,在观看微课视频后,学生可以通过完成在线测试或练习题来检验自己的学习成果。平台会及时给出评分和反馈,让学生及时了解自己的错误和不足之处,从而进行针对性的改进。此外,微课平台还可以为学生提供互动交流的机会。学生可以在平台上发表自己的观点和疑问,与其他同学进行讨论和交流。这种互动不仅能够帮助学生解决学习中的困惑,还能够激发学生的学习热情和创造力。教师可以通过后台数据了解每个学生的学习情况和进度,为每个学生提供个性化的指导和建议。这种即时的反馈机制不仅能够帮助学生及时调整学习策略,还能够提高学生的学习效果和自信心。

第三节 高校体育教学中慕课的应用

一、慕课概述

(一)慕课的概念

慕课,英文全称为 Massive Open Online Course,简称 MOOC,即大规模开放在线课程。这是一种新兴的在线教育模式,通过现代信息技术的运用,实现了全球范围内的知识共享与传播。慕课以其开放性、大规模性和在线性的特点,正在引领着一场全球范围内的教育革命。慕课通过某一个共同的主题或话题,将分散在世界各地的学习者与授课者紧密联系在一起。这种联系超越了地域和时空的限制,使得知识的传递不再受限于传统的教室和校园。学习者只需通过互联网,就能随时随地参与到慕课的学习中来。慕课大多以话题研讨的方式进行,鼓励学习者主动参与、积极思考。授课者会提供一个大体的时间表,但具体的学习进度则由学习者自行掌握。这种灵活的学习方式,既满足了不同学习者的个性化需求,又培养了学生的自主学习能力和时间管理能力。慕课以其独特的优势和魅力,正在改变着学习方式和教育模式。它不仅为学习者提供了更加丰富、多元的学习资源和学习机会,也为教育者提供了新的教学手段和教育理念。随着信息技术的不断发展和慕课模式的不断完善,有理由相信,慕课将在未来的教育领域发挥更加重要的作用。

(二)慕课的特点

1. 开放性

慕课的开放性是其最显著的特点之一。这种开放性体现在多个方面:慕课对学习者开放,无论年龄、性别、国籍、教育背景,任何人只要有学习的愿望,都可以通过互联网参与到慕课的学习中。这种无门槛的参与方式,极大地降低了学习的门槛,推动了教育的普及。慕课的开放性还体现在教学内容和资源的共享上。许多慕课平台提供了丰富的教学资源,包括课程视频、讲义、作业、测试等,这些资源都是公开的,学习者可以自由获取和使用。慕课的开放性不仅为学习者提供了更多的学习机会,也为教育者提供了更广阔的教学空间。教育者可以在慕课平台上分享自己的教学经验和知识,与全球的学习者进行交流和互动。这种开放性的教育模式,有助于推动教育的创新和发展。此外,慕课的开放性还促进了教育资源的优化配置。传统的教育资源往往集中在少数优质的学校和机构中,而慕课则打破了这种资源壁垒,让更多的人能够享受到优质的教育资源。这不仅提高了教育资源的利用效率,也促进了教育的公平和普及。

2. 自主性

自主性是慕课的另一个重要特点。在慕课学习中,学习者可以自主选择课程、安排学习进度、决定学习方式。这种自主性让学习者能够根据自己的兴趣、需求和能力进行个性化学习,提高了学习的针对性和实效性。慕课平台通常提供多样化的课程供学习者

图4-3　大学体育：慕课版

选择。学习者可以根据自己的兴趣和职业规划,选择适合自己的课程进行学习。同时,学习者还可以根据自己的时间安排和学习习惯,灵活调整学习进度。这种自主性的学习方式,让学习者能够更好地平衡工作、生活和学习之间的关系。除了课程选择和学习进度的自主性外,慕课还鼓励学习者在学习过程中发挥主观能动性。学习者可以通过在线讨论、小组合作等方式,与其他学习者进行交流和协作,共同解决问题、分享经验。这种自主性的学习方式,不仅提高了学习者的学习积极性和参与度,还培养了学生的创新思维和解决问题的能力。

3. 互动性

互动性是慕课区别于传统在线教育的显著特点之一。慕课平台通过先进的技术手段,为学习者提供了丰富的互动功能,如在线讨论区、实时问答、作业提交与评改等。这些功能使得学习者能够随时与授课教师和其他学习者进行交流和互动。在线讨论区是慕课互动性的重要体现。学习者可以在讨论区发表自己的观点和疑问,与其他学习者进行深入的讨论和交流。这种互动方式不仅有助于解答学习者的疑问,还能激发学生的思维火花,拓宽学生的知识视野。此外,慕课平台还提供了实时问答功能,让学习者能够随时向授课教师提问并获得及时的解答。这种即时的互动方式,增强了学习者的学习体验和效果。同时,作业提交与评改功能也让学习者能够及时了解自己的学习成果和不足之处,从而进行针对性的改进和提升。

二、慕课在高校体育教学中的应用

(一)高校体育教学中慕课的应用价值分析

1. 慕课提供灵活自主的学习模式

慕课作为一种新兴的网络教学模式,其最大的特点在于学习的灵活性和自主性。在高校体育教学中,传统的教学方式往往受限于固定的课程时间和地点,而慕课则打破了这一束缚。学生可以根据自己的时间安排,在任何有网络连接的地方进行学习,这种灵活性极大地提高了学习的便捷性。对于体育学科而言,慕课能够为学生提供更多自主选择和探索的空间。学生可以根据自己的兴趣、身体条件和锻炼需求,在慕课平台上选择适合自己的体育课程。这种个性化的学习方式,不仅能够激发学生的学习兴趣,还能帮助他们形成持续、系统的体育锻炼习惯。此外,慕课还能让学生自行掌握学习进度。每个学生的身体素质和学习能力都是不同的,传统体育教学往往难以兼顾每个学生的个体差异。而通过慕课,学生可以根据自己的实际情况调整学习进度,对于难以理解或掌握的动作技巧,他们可以反复观看视频,直到熟练掌握为止。

2. 慕课提供丰富多样的学习资源

慕课平台的另一个显著优势是资源的丰富性。在传统的体育教学中,学生通常只能接触到教师传授的有限知识和技巧。然而,在慕课平台上,学生可以接触到来自世界各地的顶级体育教师和专业运动员的教学视频和训练指导。这些资源不仅涵盖了基础的体育理论知识和动作技巧,还包括了各种运动项目的实战演练和比赛分析。学生可以根据自己的需求,选择性地学习不同的课程模块,从而全面提升自己的体育素养。更重要的是,慕课为学生提供了尝试不同运动项目的机会。在传统体育教学中,由于资源和场地的限制,学生可能很难接触到多样化的运动项目。而通过慕课,他们可以轻松探索各种运动项目,找到最适合自己的运动方式,这不仅有助于培养学生的体育兴趣,还能促进他们的身心健康。

3. 慕课提供精准专业的动作指导

在体育运动中,正确的动作技巧至关重要。不正确的动作不仅会影响运动效果,还可能导致运动损伤。慕课平台上的教学资源通常由专业的体育教师或运动员提供,他们具有深厚的专业知识和丰富的实践经验,能够为学生提供精准专业的动作指导。通过慕课视频,学生可以清晰地观察到每一个动作细节,从而更准确地掌握动作要领。这种直观的学习方式,比传统的口头讲解和示范更加生动有效。同时,慕课平台还提供了慢动作回放、动作分解等辅助功能,帮助学生更好地理解和掌握动作技巧。就像有一个专业的私人教练陪在身边一样,慕课可以随时随地为学生提供正确的指导。这种个性化的学习方式,不仅能够提高学生的运动效果,还能有效预防运动损伤,保障学生的运动安全。

(二)慕课应用在高校体育教学中的未来发展

1. 慕课与高校体育教学的深度融合

在我国,高校体育教学一直在寻求创新和突破,慕课的出现无疑为这一进程注入了新的活力。慕课的教学方式以视频为主,辅以在线讨论、测试和反馈等环节,形成了一套完整的教学体系。对于高校体育教学而言,慕课的应用不仅限于理论知识的传授,更可以扩展到技能训练、规则解读和实战模拟等多个方面。在慕课视频的录制过程中,可以邀请多位体育教师共同参与,每位教师都可以展示自己的教学特色和风格。这种多元化的教学方式能够为学生提供更多的选择空间,让他们根据自己的学习需求和兴趣选择最适合自己的教学内容。同时,多位教师的参与也能形成良性竞争,激励教师们不断提升自己的教学水平和创新能力。此外,慕课还能有效避免大班教学中学生人数过多、教师难以兼顾的问题。通过慕课,学生可以在任何时间、任何地点进行自主学习,教师则可以通过在线平台提供及时的辅导和反馈。这种个性化的教学方式有助于提高学生的学习积极性和效果,实现小班教学的目的。

2. 慕课推动高校体育教学质量的提升

慕课的应用不仅为学生提供了更多的学习资源和选择,也为高校体育教师提供了一个展示自己才华和教学成果的舞台。通过参与慕课的录制和传播,教师们可以相互学习、借鉴和交流,共同提升教学质量。同时,慕课平台上的学生反馈和评价也能帮助教师们及时发现自己的教学问题和不足。这些宝贵的意见和建议可以促使教师们不断调整和优化自己的教学方法和内容,从而更好地满足学生的学习需求。值得一提的是,慕课还能为高校体育教学带来更多的社会关注和资源支持。随着慕课平台的不断发展和完善,越来越多的社会人士和机构开始关注并参与到高校体育教学中来。这不仅为高校体育教学提供了更多的资金和资源支持,也为其发展注入了新的动力和活力。

3. 慕课对学生自主学习能力的要求与挑战

慕课在高校体育教学中的应用主要以网上教学为主,这就要求学生必须具备较高的自主学习能力。在没有传统课堂纪律的约束和教师的即时监督下,学生需要自我驱动、自我管理地完成学习任务。这既是一个挑战也是一个机遇,因为它能够培养学生的独立学习能力和自我管理能力。为了应对这一挑战,高校和教师可以采取一系列措施来引导学生形成良好的自主学习习惯。例如,可以设置明确的学习目标和奖励机制来激励学生按时完成学习任务;提供在线辅导和答疑服务来帮助学生解决学习中遇到的问题;定期组织线上或线下的学习交流活动来增强学生的归属感和参与度等。在考核方面,虽然慕课的学习过程主要在线上完成,但考核仍然可以采用传统的考试方式。体育教师在组织学生开展网络学习后,可以安排线下考试来检验学生的学习成果。这种考核方式既能确保评价的客观性和公正性,也能让学生更加重视和珍惜慕课的学习过程。

三、慕课在高校体育教学创新与改革中的应用

(一) 慕课促进教学模式的转变

慕课作为一种在线课程教学模式，促进了高校体育教学模式的转变。传统的高校体育教学往往以面对面的课堂教学为主，时间和地点都受到限制。而慕课则打破了这种限制，使学生可以在任何时间、任何地点进行学习。慕课的应用推动了体育教学从"以教师为中心"向"以学生为中心"的转变。在慕课平台上，学生可以根据自己的兴趣、能力和学习进度进行自主学习，教师则起到引导和辅助的作用。这种教学模式的转变，不仅提高了学生的学习积极性和自主性，还有利于培养学生的创新思维和解决问题的能力。同时，慕课平台上的互动功能也为学生提供了更多的学习支持和反馈。学生可以通过在线讨论区与教师和其他学生进行交流，及时解决学习中的问题。教师可以通过学生的学习数据和反馈，及时调整教学策略和内容，以满足学生的学习需求。

(二) 慕课丰富教学内容和手段

慕课平台为高校体育教学提供了丰富的教学资源和多样化的教学手段。通过慕课，教师可以引入国内外优秀的体育教学资源，如运动技能讲解视频、专家讲座等，从而丰富教学内容，提高学生的学习兴趣。此外，慕课还支持多种媒体形式的教学内容展示，如图文、视频、动画等，使体育教学更加生动、形象。这种多样化的教学手段不仅有助于提高学生的学习效果，还能培养学生的信息素养和数字化学习能力。慕课还为高校体育教学提供了个性化的学习路径。学生可以根据自己的兴趣和需求选择不同的课程模块和

学习进度,从而实现个性化的学习体验。这种个性化的学习方式有助于激发学生的创新精神和探索欲望,培养学生的自主学习能力和终身学习习惯。

(三) 慕课推动教学评价体系的改革

慕课在高校体育教学中的应用还推动了教学评价体系的改革。传统的高校体育教学评价主要以考试成绩为主,忽视了学生的学习过程和综合素质的评价。而慕课平台上的学习数据和互动记录可以为教学评价提供更全面、更客观的依据。通过慕课平台,教师可以实时跟踪学生的学习进度和学习表现,及时了解学生的学习情况和问题。这种形成性的评价方式有助于教师更准确地评估学生的学习效果,提供针对性的指导和帮助。同时,慕课平台上的学生互评和自评功能也促进了学生之间的交流和合作,培养了学生的团队协作能力和批判性思维。这种多元化的评价方式不仅有助于全面评估学生的综合素质,还能激发学生的创新意识和实践能力。

第五章　高校体育教学管理改革的发展思路

第一节　教育管理学四大范畴视角下高校体育教学管理改革创新研究

一、教育管理学四大范畴

(一)活动

活动是教育管理的基础和出发点。在教育领域,活动包括教学活动、科研活动、行政活动、学生活动等。这些活动构成了教育系统的日常运营,是教育管理实践的重要组成部分。活动的组织和实施直接影响到教育的质量和效果,因此,对活动的有效管理至关重要。在教育管理中,活动的范畴不仅涉及具体的执行过程,还包括活动的规划、组织、指导和评价。例如,在教学活动中,管理者需要制订教学计划、安排教学内容、组织教学资源、监控教学过程,并对教学效果进行评估。这一系列的活动管理,旨在确保教学活动的顺利进行,提高教学质量。此外,活动还包括学校与外部环境的交流和合作,如学校与社区、企业、其他教育机构的合作活动等。这些活动的有效开展,有助于提升学校的社会影响力,拓宽教育资源的来源,为学生的全面发展提供更多机会。

（二）体制

体制是教育管理的结构和组织形式。它规定了教育系统中各组成部分之间的关系和职责，以及权力和资源的分配方式。体制的建立和完善是教育管理的重要保障，它直接影响到教育管理的效率和效果。在教育管理学中，体制包括教育行政体制、学校管理体制、教育教学体制等。这些体制的设计和实施，旨在确保教育系统的稳定运行，促进教育资源的合理配置，提高教育教学的质量。在教育行政体制中，各级教育行政部门的职责和权限需要明确划分，以确保政策的顺利执行和教育资源的有效分配。同时，体制还需要具备灵活性和适应性，以应对外部环境的变化和教育发展的需求。随着社会的不断进步和教育改革的深入推进，教育管理体制也需要不断创新和完善，以适应新的教育形势和挑战。

（三）机制

机制是教育管理的运行方式和动力来源。它涉及教育管理的各个环节和方面，包括决策机制、激励机制、约束机制、评价机制等。这些机制的有效运行，能够激发教育系统的活力和创造力，推动教育管理的持续改进和创新。在教育管理中，机制的设计和实施需要充分考虑人的因素。例如，激励机制能够通过奖励和惩罚措施，调动教职工的积极性和创造性；约束机制则能够规范教职工的行为，确保教育管理的有序进行。同时，评价机制则是对教育管理效果进行客观评估的重要手段，它能够为管理决策提供科学依据，推动教育管理的持续优化。机制的建立和完善需要综合考虑教育系统的实际情况和发展需求。通过不断创新和改进机制设计，可以提高教育管理的效率和效果，推动教育事业的持续发展。

（四）人员

人员是教育管理中的核心要素，是教育活动的直接参与者和执行者。在教育管理学中，人员范畴主要涉及教职工的选拔、培训、考核以及职业发展等方面。优秀的教职工队伍是教育质量的重要保障，因此，对人员的管理至关重要。

在教育管理中，需要注重教职工的专业素养和教育教学能力的提升，通过定期的培训和考核，确保教职工能够胜任教育教学工作；同时，还需要关注教职工的职业发展和个人成长，为他们提供充足的晋升空间和良好的工作环境，以激发他们的工作热情和创造力；此外，还需要建立健全的人员管理制度，明确教职工的职责和权益，保障他们的合法权益，促进教育管理的民主化和科学化。

综上所述，活动、体制、机制和人员构成了教育管理学的四大范畴，它们相互关联、相互作用，共同构成了教育管理的完整体系。在教育管理实践中，需要全面考虑这四个范畴，加强各环节的管理和创新，以推动教育事业的持续发展。

二、基于四大范畴的高校体育教学管理创新

（一）高校体育教学管理活动的创新

1. 教学内容与方法的创新

在传统的高校体育教学中，教学内容往往较为单一，教学方法也相对陈旧。为了打破这一局面，需要对教学内容和方法进行大胆创新。可以引入更多元化的体育项目，如户外运动、民族传统体育等，以丰富学生的体育学习体验。这些新兴项目不仅能够激发

学生的学习兴趣,还能培养学生的团队合作精神和冒险精神。在教学方法上,应摒弃传统的"填鸭式"教学,采用更加灵活多样的教学方式。例如,可以运用游戏化教学、情境教学等现代教学方法,让学生在轻松愉快的氛围中掌握体育技能。此外,还可以借助多媒体技术和互联网资源,为学生提供更加直观、生动的学习材料,提高教学效果。为了更好地实施这一创新,高校可以加强与体育俱乐部、运动协会等组织的合作,引进专业的教练和先进的训练理念,共同打造具有特色的体育教学内容和方法。

2. 教学评价体系的创新

传统的高校体育教学评价体系往往过于注重学生的技能掌握情况,而忽视了学生的学习态度、合作精神等非技能方面的评价。因此,需要对教学评价体系进行创新,以更全面地评估学生的体育学习效果。新的教学评价体系应注重过程评价与结果评价相结合,既关注学生的技能进步,又重视学生在学习过程中的表现。同时,可以引入学生自评、互评以及教师评价等多种评价方式,以确保评价的客观性和公正性。此外,还可以利用大数据和人工智能技术,对学生的学习过程进行实时跟踪和分析,为个性化教学提供有力支持。通过创新教学评价体系,可以更准确地了解学生的学习状况和需求,从而为学生提供更加精准的教学指导和服务。

3. 课外体育活动与竞赛的创新

课外体育活动和竞赛是高校体育教学的重要组成部分,对于提升学生的体育素养和综合能力具有重要意义。然而,传统的课外体育活动和竞赛往往形式单一、内容陈旧,难以激发学生的参与热情。因此,需要在这方面进行创新。可以丰富课外体育活动的形式和内容,如组织户外拓展训练、趣味运动会等多样化的活动,以满足不同学生的兴趣和需求。同时,还可以鼓励学生自发组织体育活动,培养学生的自主性和创造性。在竞赛方面,可以引入更多元化的竞赛项目,如校际联赛、邀请赛等,以提高学生的竞技水平和团队合作能力。此外,还可以加强与企业的合作,举办商业性质的体育赛事,为学生提供更多的展示平台和锻炼机会。

(二)高校体育教学管理体制的创新

1. 保障管理制度

管理制度的完整性是确保体育教学有序进行的基础。这意味着,每一项管理内容都应有明确的制度规范,避免出现制度空缺,从而防止体育教学管理活动的混乱。为了实现这一点,做好管理的评估与反思工作显得尤为重要。通过定期评估,可以及时发现管理制度中的漏洞和不足,进而进行补充和完善。同时,反思工作中的问题和挑战,有助于不断优化管理流程,提升管理效率。而管理制度的科学性,则要求在制定高校体育教学管理制度时,必须遵循高校体育教学活动的一般规律,顺应其发展趋势。制度应体现以人为本的理念,关怀教师和学生的实际需求,同时又要具备足够的约束力,以满足高校体育教学目的。这样的制度既能激发教师和学生的积极性,又能确保教学活动的有序进行。

2. 明确核心目标与使命

为了提高管理效率,高校体育教学应实施扁平化管理结构。这种结构能够弱化管理的权力意识,符合高校"去行政化"的管理理念。通过减少管理层次,使各管理要素能够更高效地协作,从而提升整体管理效率。同时,必须明确高校体育教学管理的核心目标与使命,那就是提升体育教学质量。在这一过程中,保障学生在体育教学活动中充分享有主体权益是至关重要的。不仅要关注学生的体育技能培养,更要注重培养学生的终身体育价值观。这是管理体制创新的灵魂所在,也是不断追求的目标。

3. 实现自我管理

为了实现高校体育教学的自我管理,应充分下放基层体育教学管理权限。这意味着,基层教学单位将拥有更多的自主权和决策权,能够针对体育教学活动出现的具体问题及时进行调整。这种做法不仅能够解放传统管理体制的束缚,还能提高管理效率,实现管理体制的创新。同时,也可以适当赋予学生部分管理权限,让学生参与到体育教学管理中来。这样不仅能够提升学生的责任感和归属感,还能培养学生的团队协作能力和领导能力。通过学生与教师的共同努力,相信能够打造出一个更加灵活、高效且富有创造力的体育教学管理体系。

(三)高校体育教学管理机制的创新

高校体育教学管理机制的运行状况直接关系体育教学活动开展,创新管理机制已成为重中之重。管理机制创新与管理体制创新不同,其必须依托一定的载体进行,从根本上说就要建立高校体育教学管理约束机制与激励机制。管理是达到组织目标的过程,其重要的内容便是控制,高校体育教学管理的有效实施必须依托约束机制的建立,教学活动中各管理要素都要有序完成自身职责,即各司其职、各领其责,不能超越管理权限开展活动,也不能消极怠工,约束机制建立的目的并不是限制,而是规范。激励机制的建立也是高校体育教学管理机制创新的重要内容,激励有助于增强教师与学生的积极性;便于增强其参与体育教学活动的动力,而激励方式主要包括薪酬激励、荣誉激励、成绩激励等。

（四）高校体育教学管理观念的创新

1. 面向现代体育教学，与时俱进

在当今社会快速发展的大背景下，高校体育教学管理必须紧跟时代步伐，坚持面向现代体育教学的管理理念。这意味着要不断关注体育教育领域的新理念、新技术和新方法，将其及时引入到教学实践中来。例如，利用现代信息技术手段，如虚拟现实（VR）、增强现实（AR）等，来丰富教学手段，提升学生的学习兴趣和参与度。同时，还应关注国际体育教育的新趋势，加强与国际先进体育教育理念的交流与对接，确保教学管理观念始终处于行业前沿。面向现代体育教学的管理理念还体现在对课程体系的持续优化上。应定期审视和调整课程设置，确保课程内容既符合学生的实际需求，又能体现体育学科的最新发展。此外，还应注重跨学科融合，鼓励学生通过体育学习来探索和解决其他学科领域的问题，从而培养学生的综合素养和创新能力。

2. 激发求知创新能力，探索未知

激发求知创新能力的管理观是高校体育教学管理的核心要义之一。这种管理观旨在通过调动各种管理要素，形成有利于体育知识和技能创新的环境和条件。具体来说，要鼓励教师和学生积极参与体育教学活动的创新实践，不断探索新型的体育教学模式和方法。例如，可以设立体育教学创新基金，支持教师和学生开展创新性的教学研究项目；还可以定期举办体育教学创新大赛，为师生提供展示和交流的平台。为了更有效地激发师生的创新活力，还应建立完善的激励机制。对于在体育教学创新中取得突出成果

的教师和学生,应给予充分的肯定和奖励。同时,还应营造一种宽容失败的氛围,鼓励师生勇于尝试、不怕失败,让学生在创新实践中不断成长和进步。

3. 以落实健康为根本,以人为本

以落实健康为根本的管理观是体育教学管理的出发点和落脚点。这一观念强调体育教学应以培养学生的健康意识和习惯为目标,注重提升学生的身体素质和心理健康水平。为了实现这一目标,应在教学管理中充分体现以人为本的理念,关注学生的个体差异和需求,提供个性化的教学服务。根据学生的体质状况和兴趣爱好,制订差异化的教学计划和运动处方。对于体质较弱的学生,可以设计针对性的康复训练计划;对于热爱运动的学生,则可以提供更高强度的训练和挑战。同时,还应注重培养学生的自我健康管理能力,教会学生如何科学地进行体育锻炼和营养搭配,以形成良好的健康生活方式。

第二节　"互联网+"时代普通高校体育管理改革策略研究

一、"互联网+"时代普通高校体育管理的系统要素

(一) 管理目标与信息化战略定位

在"互联网+"时代背景下,普通高校体育管理的首要系统要素是明确的管理目标和信息化战略定位。这一目标不仅要符合国家对高校体育的总体要求,还要紧密结合互联网技术的特点,以提

升学生的体育素养和健康水平为核心。具体来说,管理目标应围绕《普通高等学校体育工作基本标准》展开,充分利用互联网技术手段,推动高校体育工作的全面升级。例如,通过智能化设备监测学生的运动数据,制订个性化的锻炼计划,提高学生的运动效果和健康水平。同时,高校还应将体育管理与学校整体发展战略相结合,通过体育管理信息化推动学校体育文化的建设和校园整体氛围的营造。信息化战略定位则是实现管理目标的重要手段。高校应明确体育管理信息化的方向、重点和实施路径,确保各项工作有的放矢、高效推进。例如,通过建立完善的体育管理信息系统,实现数据资源的整合与共享,提高管理效率和服务质量。

(二) 多元化的管理主体与客体

"互联网+"时代普通高校体育管理的第二个系统要素是多元化的管理主体与客体。在这一时代背景下,高校体育管理的主体不再局限于传统的体育教师和行政管理人员,而是扩展到了包括学生、校友、社会体育组织等在内的多元主体。这些主体通过互联网平台参与到体育管理中来,形成更加开放、包容的管理格局。同时,管理客体也呈现出多元化的趋势。除了传统的体育课程、学生体质健康等管理对象外,还增加了体育社团、校园体育赛事、运动队训练与竞赛等新兴管理内容。这些管理客体在互联网技术的支持下,得以更加高效地组织和运作,为高校体育事业的发展注入了新的活力。为了应对管理主体与客体的多元化趋势,高校需要建立完善的协同机制,明确各方职责和权益,确保各项体育管理工作能够有序、高效地推进。例如,通过建立体育管理委员会或相关协调机构,统筹各方资源,形成合力,共同推动高校体育事业的发展。

图 5-1　中国体育和互联网

（三）高效的管理手段与平台

在"互联网+"时代,普通高校体育管理的第三个系统要素是高效的管理手段与平台。随着信息技术的迅猛发展,高校体育管理手段也日趋智能化、自动化和个性化。例如,通过运用大数据、云计算等先进技术,高校可以实现对体育资源的精准配置和优化利用,提高管理效率和服务质量。此外,构建功能强大的体育管理平台也是提升管理效能的关键。一个完善的体育管理平台应该具备数据管理、课程管理、活动管理、健康管理等多项功能,能够满足不同管理主体的需求。通过平台,各方可以实时获取相关信息和数据,实现资源的共享和协同工作,从而推动高校体育管理的现代化进程。

二、"互联网+"时代普通高校体育管理改革方向

（一）体育设施与资源的智能化管理与优化

随着互联网技术的不断发展,智能化管理已经成为提升高校

体育管理效率的重要手段。普通高校应借助物联网、大数据等技术,对体育设施和资源进行智能化管理。例如,通过安装传感器和智能设备,实时监测体育场馆的使用情况、设备状况以及能耗等数据,从而实现体育设施的智能化维护和节能管理。这不仅可以降低管理成本,还能提高体育设施的使用效率和安全性。同时,高校还应利用大数据技术,对体育资源进行优化配置。通过对学生体育锻炼数据的分析,了解学生的运动需求和偏好,从而更加精准地投放体育资源,满足学生的个性化需求。例如,根据学生对篮球、羽毛球等运动的热衷程度,合理调整场馆的使用时间和资源分配,确保热门运动项目的场馆资源得到充分利用。

(二)构建线上线下相结合的体育教学模式

在"互联网+"时代,线上线下的融合已经成为教育领域的发展趋势。普通高校应积极探索线上线下相结合的体育教学模式,以满足学生多样化的学习需求。具体而言,高校可以利用在线教育平台,为学生提供丰富的体育课程资源和学习资料,使学生能够随时随地进行自主学习。同时,线下课堂教学则应更加注重实践操作和技能训练,以及与线上学习内容的衔接和拓展。此外,高校还可以借助虚拟现实(VR)、增强现实(AR)等先进技术,打造沉浸式的体育教学环境,提高学生的学习兴趣和参与度。这种线上线下相结合的教学模式不仅能够突破时空限制,让学生更加灵活地安排学习时间,还能通过丰富的互动和实践活动,提升学生的体育技能和综合素质。

(三)建立全方位的体育评价与激励机制

在"互联网+"时代,普通高校应建立全方位的体育评价与激励机制,以激发学生的运动热情和积极性。高校可以利用大数据和人工智能技术,对学生的体育锻炼情况、运动成绩等数据进行全面分析,为学生提供个性化的运动建议和反馈。这有助于学生了解自己的运动表现和进步情况,从而更加明确自己的锻炼目标。高校应设立多元化的体育奖项和荣誉称号,以表彰在体育锻炼、竞技比赛等方面表现突出的学生。这不仅能够激励学生积极参与体育活动,还能在校园内营造良好的体育氛围。同时,高校还可以将学生的体育成绩和表现纳入综合素质评价体系中,作为评优评先、奖学金评定等的重要依据之一。高校应加强与社会的合作与交流,为学生提供更多的体育展示平台和机会。例如,组织校际间的体育比赛、邀请专业运动员进校园进行交流指导等活动,都可以激发学生的运动热情并提高学生的运动水平。

三、"互联网+"时代普通高校体育管理的改革策略

(一)重视学习,转变观念

随着我国普通高校体育管理的不断发展,其在改善与促进大学生体育教育方面发挥了重要作用。然而,面对大学生体质健康持续下降的问题,仍需深化改革,探索新的管理路径。在"互联网+"时代背景下,普通高校体育管理应紧跟时代步伐,积极拥抱互联网信息化改革,以改善大学生体质健康状况。为此,必须从思想上高度重视学习,转变观念,具体可以从以下三个方面展开:

1. 加强互联网知识与技能培训

在"互联网+"时代,普通高校体育管理要实现信息化,要求管理人员具备相应的互联网知识和技能。因此,高校主管部门应高

度重视体育教师的互联网知识能力培训,定期组织专题培训、研讨会等活动,提升体育教师的信息化素养。培训内容可以包括互联网基础知识、体育教学软件的使用、大数据分析与应用等,旨在帮助体育教师更好地运用互联网技术优化体育教学和管理。同时,为了确保培训效果,可以设立相应的考核机制,要求管理人员在通过培训后达到一定的信息化技能水平方可上岗。这样不仅能提升体育教师的专业素养,还能确保学生在实际工作中能够有效运用所学知识,推动普通高校体育管理的信息化进程。

2. 转变体育教师职业价值观

在传统的体育教学中,教师往往更侧重于技能和知识的传授,而在"互联网+"时代,体育教师的角色和定位需要发生转变。学生不仅需要具备扎实的专业技能,还需要成为学生学习的引导者和促进者。因此,需要通过学习和培训,引导体育教师转变职业价值观,从单一的知识传授者转变为学生学习和发展的合作者、引导者和促进者。为了实现这一转变,高校可以组织体育教师参观学习先进的互联网体育教学案例,了解互联网技术在体育教学中的应用和效果。同时,鼓励体育教师积极参与教学研究和改革实践,探索如何将互联网技术与体育教学相结合,创新教学模式和方法。通过这些措施,帮助体育教师认识到互联网技术在教学中的重要性和优势,从而主动转变职业价值观,更好地适应"互联网+"时代的教学需求。

3. 提升职业发展动力

为了保持体育教师的学习热情和职业发展动力,高校应建立完善的激励机制。可以设立专项奖励基金,对在互联网体育教学中表现突出的教师进行表彰和奖励。提供丰富的职业发展机会和资源,如参加国内外学术交流会议、承担重要课题研究等,以激发体育教师的创新精神和进取心。关注体育教师的个人成长和职业规划,提供个性化的指导和支持,帮助学生实现自我价值的同时推动普通高校体育管理的发展。此外,高校还可以通过开展丰富多彩的校园文化活动、搭建教师之间的交流平台等方式,营造良好的学习氛围和团队合作精神。这不仅有助于提升体育教师的归属感和幸福感,还能进一步增强学生的职业发展动力。

图 5-2　提升普通高校体育教师互联网教学能力

(二)加强人才引进与培养

1.引进具备互联网技术的专业人才

为了快速提升普通高校体育教师的互联网技术水平,引进具备相关技术的专业人才是关键。可以通过专业院校引进相关专业技术毕业生担任体育管理员。这些毕业生在校期间接受了系统的互联网技术教育,能够快速适应并融入高校的信息化管理环境。

同时,学生热衷于高校体育事业,更具工作热情和创新精神,有助于推动普通高校体育管理的信息化进程。可以在本校专业师资队伍中借调个别互联网信息专业技术教师兼任体育管理员。这些教师已经具备较高的互联网技术水平,能够迅速提升体育管理的信息化水平。同时,学生还可以为在职体育教师提供技术指导和培训,帮助整个团队提升互联网技术应用能力。此外,还可以向社会或企业聘用一些相关专业技术人员担任兼职体育管理员。这些专业技术人员具有丰富的实践经验和专业技能,能够为普通高校体育管理注入新的活力和创新思路。

2. 加强在职体育教师的互联网技术培训

加强在职体育教师的互联网技术培训也是提升整个团队技术水平的重要途径。高校可以分批选派在职体育教师参加校内外相关技术技能培训,要求达到互联网技术相应等级水平方可结业。这样不仅可以确保每位体育教师都具备基本的互联网技术应用能力,还能激发学生的学习热情和进取心。同时,高校还应将互联网技术应用能力逐步纳入体育教师的业务考核内容之一。这将进一步激励体育教师提升自身互联网技术水平,以更好地适应信息化时代的教学和管理需求。此外,高校还可以定期组织互联网技术应用能力竞赛或交流活动,为体育教师提供一个展示自我、学习交流的平台。

3. 改革体育院校的人才培养模式

为了从根本上提升普通高校体育教师的互联网技术水平,各大体育院校在人才培养中也应进行相应的改革。可以将互联网技术相关课程增设为专业必修课,确保每位毕业生都具备基本的互联网技术应用能力。同时,建立技能等级制度,对毕业生的互联网技术水平进行客观评价,为高校选拔聘任引进人才提供重要参考。此外,体育院校还应与普通高校建立紧密的合作关系,共同探索"互联网+体育教育"的新模式、新方法。通过校企合作、实践教学等方式,让体育专业的学生在校期间就能接触到先进的互联网技术和管理理念,为学生今后从事普通高校体育管理工作打下坚实的基础。

(三)加快构建共建共享格局

1. 建立互联网信息化体育管理系统或平台

高校应充分利用本校的体育资源,尽快建立起自身的互联网信息化体育管理系统或平台。这一系统或平台应能够整合校内的各种体育资源信息,包括体育场馆的使用情况、体育课程的安排、学生的体育成绩等,实现信息的集中管理和快速查询。同时,为了适应发展的需要,高校还应积极培养具备互联网技术的体育管理人才,让学生在管理系统中发挥关键作用,形成互联网体育管理的良好氛围。在建立管理系统的过程中,高校可以借鉴其他行业的成功经验,结合自身的实际情况进行创新。例如,可以引入智能化的场馆预约系统,方便学生和教师进行场馆预约,提高场馆的使用效率;还可以开发在线体育课程,让学生在任何时间、任何地点都能进行体育学习,打破时间和空间的限制。

2. 实现高校间体育资源的互联互通

为了充分利用更多的信息资源,高校之间的体育资源可以通过互联网进行衔接。同类型、同层次、同地域的兄弟院校可以联合起来,形成共建模式,共同开发和共享共有的体育管理资源。这样不仅可以避免资源的重复建设,还能扩大资源的使用范围,提高资源的利用效率。在实现互联互通的过程中,高校需要建立起完善的信息共享机制,确保信息的准确性和时效性。同时,还要加强信息安全保护,防止信息泄露和被滥用。此外,高校之间还可以开展多种形式的合作,如共同举办体育赛事、进行学术交流等,以推动体育事业的共同发展。

3. 构建开放共享的普通高校体育管理格局

为了让体育数据更好地服务于大学体育管理和大学生体质健康管理,有必要聚集更多高校体育管理信息形成大数据。政策应鼓励社会机构参与分析大数据体育管理的普遍规律,从而开启普通高校共建共享的人工智能体育管理模式。这种模式可以为地方或区域性高校体育管理政策制定提供依据,推动普通高校体育管理的现代化和科学化。在构建开放共享的普通高校体育管理格局的过程中,可以采取以下三条路径:一是通过业务学习、业务交流等方式建立兄弟院校之间的体育管理联盟,开展相关体育管理合作。例如结合体育教学资源共建公共体育网络共享课程、结合体育运动场馆资源共建阳光体育共享竞赛活动等;二是在积累经验的基础上逐步开通互联网管理权限,实现体育课程共享、阳光体育活动共享、体质监测管理共享以及体育场馆资源共享等;三是地方教育主管部门牵头联合高校,在专家小组的指导下开展大数据整理分析工作,并通过政、校、企合作开发人工智能体育管理系统。这样逐步形成普通高校共建、共享、开放、协同发展的"互联网+"体育管理格局。

第六章 高校体育教师专业素养的提升

第一节 教师培训与学术交流机制的建立

一、教师培训机制的构建

（一）深入的教师培训需求分析

1. 全面把握教师队伍的现状

要进行深入的教师培训需求分析,首先需要全面了解教师队伍的现状。这包括教师的教育背景、教学经验、专业技能等多个方面。学校可以通过建立教师档案、进行教师能力评估等方式,对每位教师的教学水平、专业能力和发展需求进行详细的记录和分析。同时,学校还可以利用现代化信息技术手段,如大数据分析等,对教师队伍的整体情况进行深入研究,找出教师队伍中存在的共性问题和个性问题。例如,通过分析教师的教学成绩、学生评价等数据,可以发现教师在教学方法、课堂管理、学生评价等方面的优势和不足,从而为后续的培训提供有力的数据支持。在了解教师队伍现状的基础上,学校可以进一步分析教师队伍的发展需求。不同教师的发展需求可能存在差异,有些教师可能需要提升教学技能,有些教师可能需要拓宽知识面,还有些教师可能需要加强教育心理学等方面的学习。因此,学校需要针对每位教师的实际情况,制定个性化的培训方案,以满足他们的不同发展需求。

2. 多渠道收集教师的培训需求

为了更准确地了解教师的培训需求,学校应该通过多种渠道收集信息。一方面,可以通过问卷调查的方式,向教师发放问卷,了解他们对于培训内容、培训方式、培训时间等方面的期望和建议。问卷调查可以覆盖全体教师,收集到的数据具有广泛性和代表性,有助于学校全面了解教师的培训需求。另一方面,学校还可以通过访谈的方式,与教师进行面对面交流。访谈可以更加深入地了解教师的想法和需求,特别是对于一些难以在问卷调查中表达的问题,访谈可以提供更多的细节和背景信息。此外,访谈还可以促进学校与教师之间的沟通和理解,增强教师对学校的信任感和归属感。除了问卷调查和访谈之外,学校还可以通过课堂观摩的方式,了解教师在实际教学中的表现和需求。课堂观摩可以让学校直观地看到教师的教学风格、教学方法以及学生在课堂上的反应等情况,从而为教师培训提供更加具体和有针对性的建议。

3. 关注教育政策与课程改革动态

教育政策和课程改革是影响教师培训需求的重要因素。随着教育改革的不断深入和课程标准的不断更新,教师需要不断适应新的教学要求和评价标准。因此,学校需要密切关注教育政策和课程改革的动态,及时调整教师的培训内容,确保教师培训与时俱进。此外,学校还需要关注学生需求的变化。学生是教育的主体,他们的需求变化直接影响着教师的教学方式和培训内容。例如,随着信息技术的不断发展,学生获取信息的渠道和方式发生了巨大的变化,他们更加倾向于互动式、探究式的学习方式。因此,教师需要不断更新自己的教学方法和手段,以满足学生的需求。这就要求学校在教师培训中增加与现代教育技术相关的内容,帮助教师掌握新的教学工具和方法。

(二)制订全面且系统的培训计划

1. 设定明确且具体的培训目标

制订培训计划的首要任务是设定明确且具体的培训目标。这些目标应该紧密围绕之前需求分析中所识别出的教师需求和问题,确保培训活动与教师的实际需求相匹配。目标的设定要具有可衡量性,以便于后续对培训效果进行评估。如果需求分析显示教师在课堂管理方面存在困难,那么培训目标就可以明确为"提升教师的课堂管理能力,使其能够有效应对课堂中的常见问题,确保教学秩序和学生参与度"。这样的目标既明确又具体,能够为培训内容的设计和实施提供清晰的指导。

2. 设计针对性强且内容丰富的培训课程

培训内容的设计是培训计划的核心部分。为了确保培训的有效性,内容应紧密围绕培训目标展开,同时注重理论知识和实践技能的结合。培训内容可以包括最新的教育理念、教学方法、课堂管理技巧、学生评价策略等。除了传统的讲座和研讨会形式,还可以引入互动性强、参与度高的培训方式,如案例分析、角色扮演、小组讨论等。这些方式能够激发教师的学习兴趣和积极性,促进他们在培训过程中的深入思考和交流。此外,培训内容的设计还应注重实践性。通过组织教学观摩、实战演练等活动,让教师亲身体验和实践所学的理论知识,从而帮助他们更好地将其转化为实际教学能力。这种理论与实践相结合的培训方式,能够有效提升教师的教育教学水平。

3. 制定灵活多样的培训安排与方式

在制订培训计划时,还需要考虑培训时间的安排和培训方式的多样性。合理的培训时间安排能够确保教师有足够的时间和精力参与培训,同时避免与正常的教学活动产生冲突。因此,学校应根据教师的实际工作情况,灵活安排培训时间,如利用寒暑假、周末或课余时间进行集中培训,或者采用线上学习的方式,使教师能够根据自己的时间进行自主学习。在培训方式的选择上,也应注重多样性。除了传统的面对面培训外,还可以利用现代信息技术手段,如网络课程、在线教育平台等,为教师提供更加便捷和高效的学习方式。这些方式不仅能够突破时间和空间的限制,还能够满足教师个性化的学习需求。同时,为了增强培训的互动性和实效性,可以组织教师进行小组合作学习和研讨,鼓励他们分享自己的教学经验和心得。这种同伴互助的学习方式能够促进教师之间的交流和合作,提升他们的专业素养和教学能力。

(三)实施与管理以及效果评估

1. 培训的实施与师资保障

培训的实施阶段是整个培训过程的核心,而师资的选择则是这一阶段的关键。学校应严格筛选培训师,确保他们具备深厚的专业知识和丰富的教学经验。教育专家、优秀教师或学科领军人物是理想的培训师资,他们能够提供前沿的教育理念、实用的教学技巧以及深入浅出的案例分析。在实施培训时,应注重与教师的互动和沟通。培训师应鼓励教师提出问题、分享自己的教学经验,以形成积极、开放的学习氛围。这种互动式的学习方式不仅能够激发教师的学习热情，还能促进他们之间的经验交流和思想碰撞。此外，培训的实施还应注重灵活性和适应性。根据教师的反馈和实际情况，培训师和学校应及时调整培训内容和方式，以确保培训更加贴近教师的实际需求。

2. 培训过程的管理与优化

为了确保培训的顺利进行，学校应建立完善的培训管理制度。这包括培训前的准备工作，如场地安排、教学材料的准备等；培训中的监督工作，如确保教师按时参加培训、维持课堂纪律等；以及培训后的总结工作，如收集教师的反馈意见、整理培训成果等。

在管理过程中，学校还可以利用现代信息技术手段来提高管理效率。可以建立教师培训管理平台，实现培训资源的在线共享、教师学习进度的实时跟踪以及培训成果的在线展示等功能。这将极大地提高培训管理的便捷性和高效性。同时，学校应重视对教师培训过程的记录和分析。通过对培训过程中的数据进行挖掘和分析，学校可以更深入地了解教师的学习需求和偏好，为后续的个性化培训提供有力支持。

3. 培训效果的评估与反馈

培训效果的评估是检验培训质量的关键环节。学校可以通过多种方式来进行评估，如问卷调查、教学观摩以及教师的实际教学应用等。这些评估手段能够全面地反映教师对培训内容的掌握情况、应用效果以及他们的满意度。在评估过程中，学校应注重数据的收集和分析。通过对评估数据的深入挖掘，学校可以找出培训中存在的问题和不足，为后续的改进提供有力的依据。同时，学校还应及时将评估结果反馈给培训师和教师，以便他们了解自己的学习情况并做出相应的调整。除了即时的评估反馈外,学校还应建立长期的跟踪评估机制。通过定期回访、观察教师的教学实践等方式,学校可以持续了解培训成果在实际教学中的运用情况,从而确保培训效果的持久性和稳定性。

二、学术交流平台的搭建

(一)创建多元化的学术交流活动

1. 设计多元化的学术交流形式

为了丰富教师的学术交流体验,学校应该设计多种形式的交流活动。这些活动可以包括定期的学术会议、研讨会、教育论坛等,每种形式都有其独特的功能和目标。学术会议可以聚焦于某一专业领域,让教师们深入探讨学术问题;研讨会则更注重实践经验的分享和问题的解决;而教育论坛则可以作为一个更广泛的交流平台,让教师们就教育的各个方面进行交流与讨论。在这些活动中,教师们不仅可以分享自己的教学成果和研究心得,还可以从其他教师的分享中获得启发和灵感。这种多元化的交流形式有助于打破传统的教学思维模式,激发教师们的创新思维和学术热情。

2. 注重活动的实效性

学术交流活动的成功与否,很大程度上取决于其实效性和互动性。为了确保活动的实效性,组织者应该紧跟教育发展的前沿,针对当前教育中存在的问题和挑战设定活动主题。这样,教师们可以在活动中直接探讨和解决实际问题,从而提高教学效果和教育质量。同时,互动性也是活动成功的关键。为了增强互动性,活动设计者应该创造出一种轻松、自由的氛围,鼓励教师们积极发言、提问和分享。这种氛围不仅能够促进教师之间的深度交流,还能形成真正的思想碰撞和智慧交融。通过实效性和互动性的结合,学术交流活动能够真正发挥其促进教师专业成长的作用。

3.邀请国内外知名教育专家进行交流

为了进一步提升学术交流活动的层次和水平,学校应该积极邀请国内外知名教育专家、学者来校进行交流。这些专家不仅可以带来最新的教育理念和研究成果,还能为教师们提供宝贵的指导和建议。通过与专家的面对面交流,教师们可以拓宽自己的视野,了解行业动态和前沿技术,从而更好地指导自己的教学实践。此外,学校还可以与专家们建立长期的合作关系,共同开展教育研究和项目合作。这种合作模式不仅能够提升学校的整体科研水平,还能为教师们提供更多的学习和发展机会。通过与专家的深度交流,教师们可以不断提升自己的专业素养和教学能力,为学校的教育事业做出更大的贡献。

(二)构建线上学术交流社区

1.建立多功能线上平台

构建一个线上学术交流社区,首先要确立一个功能全面、操作便捷的网络平台。这个平台应该包含多个板块,以满足教师们在学术交流过程中的各种需求。例如,设立"教学研讨"板块,供教师们发布和讨论创新教学方法、课堂管理技巧等;设置"课题研究"区域,为教师提供合作开展科研项目、分享研究进展的空间;同时,开辟"资源共享"专栏,鼓励教师们上传和分享优质课件、教案、试题等教育资源。这样的平台设计,旨在打造一个全方位的学术交流环境,让教师们能够随时随地参与到专业讨论中,无论是寻求教学上的帮助,还是分享自己的研究成果,都能在社区内找到相应的板块和志同道合的伙伴。

2. 促进资源的共享与积累

线上学术交流社区的一个重要功能是实现教育资源的共享。教师们可以在社区内发布自己的教学案例、课堂实录等宝贵资料，这些内容不仅丰富了社区的知识库，也为其他教师提供了参考和借鉴。通过浏览和下载其他教师分享的资料，每位教师都能在短时间内获取到大量的教学素材和经验分享，这对于提升教学质量、创新教学方法具有重要意义。为了实现资源的有效积累，社区还可以设立积分或奖励机制，鼓励教师们积极分享自己的教学成果和资源。同时，通过用户评价和反馈系统，对上传的资源进行质量把关，确保社区内的资源既丰富又具备实用价值。

3. 强化社区的运营与维护

一个成功的线上学术交流社区，离不开精心的运营和持续的维护。学校应设立专门的管理团队，负责审核和发布教师们提交的内容，确保社区内的信息真实、准确、有价值。同时，管理团队还需定期更新社区内容，举办线上活动，如主题讨论、在线问答、经验分享会等，以提高社区的活跃度和用户黏性。在运营过程中，管理团队还应密切关注用户反馈，及时调整社区运营策略和功能设置，以满足教师们不断变化的需求。此外，为了保障社区的安全性和稳定性，管理团队还需加强技术防护和数据备份工作，确保用户信息和交流内容的安全。

三、机制保障与持续改进

（一）建立健全的政策与制度支持

为了确保教师培训与学术交流机制的有效实施，学校必须首先从政策和制度层面给予充分保障。这包括制定明确的教师培训政策,规定教师培训的权利和义务,确保每位教师都能获得必要的培训机会。同时,学校还应出台相关政策,鼓励和支持教师参与学术交流活动,如提供经费补贴、认定学术成果等。在制度建设方面,学校需要完善教师培训与学术交流的各项规章制度,明确各个环节的操作流程和责任主体。例如,可以制订详细的培训计划、学术交流活动组织流程等,确保各项工作有据可依、有章可循。此外,学校还应建立教师培训与学术交流的考核机制,将教师的参与情况、成果产出等纳入考核体系,从而激发教师的积极性和创造力。

(二)强化资源整合与共享

资源整合与共享是教师培训与学术交流机制的重要保障。学校应充分利用校内外各种资源,为教师提供丰富的学习材料和交流平台。这包括整合各类教育教学资源,如优质课程、教学案例、研究资料等,供教师随时学习和借鉴。同时,学校还可以与其他学校、研究机构等建立合作关系,共享彼此的资源和经验,为教师提供更广阔的学习空间。为了实现资源的有效整合与共享,学校需要建立完善的资源管理机制。这包括明确资源的来源、分类、存储和使用方式,确保资源的及时更新和有效利用。此外,学校还应加强对资源的宣传推广,提高教师对资源的知晓率和使用率。

(三)实施激励与约束机制并重的策略

为了激发教师参与培训与学术交流的积极性,学校应建立有效的激励机制。这包括设立奖励制度,对在培训与学术交流中表现突出的教师进行表彰和奖励;同时,还可以将教师的培训与学术交流成果与职称晋升、岗位聘任等挂钩,进一步增强教师的参与动力。然而,仅靠激励是不够的,学校还需要建立相应的约束机制。例如,可以制定教师培训与学术交流的最低要求,明确教师必须完成的培训与交流任务;对于未能达到要求的教师,可以采取一定的惩罚措施,如扣减绩效、取消评优资格等。通过激励与约束并重的策略,学校能够引导教师积极参与培训与学术交流活动,不断提升自身的专业素养和教育教学能力。在激励与约束机制的实施过程中,学校应注重公平公正原则,确保每位教师都能获得平等的机会和待遇。同时,学校还应根据实际情况灵活调整激励与约束措施,以适应不同教师的需求和特点。

第二节 教师教学研究与科研成果的转化

一、创新教学方法与科研成果的融合实践

(一)以科研成果为引领,更新教学内容

随着体育科学的不断发展,新的科研成果层出不穷,为体育教学提供了丰富的资源和素材。将这些科研成果融入教学内容中,不仅可以使教学内容更加前沿、科学,还能激发学生的学习兴趣和好奇心。教师可以关注体育科学领域的最新研究成果,如运动生理学、运动生物力学、运动心理学等方面的新发现、新理论。然后,结合课程目标和学生实际,将这些科研成果以案例、实验、讨论等形式引入课堂,引导学生主动探索、分析和解决问题。在讲解运动生理学相关内容时,可以引入最新的关于运动对身体健康影响的科研成果,通过实验数据对比和分析,让学生更加直观地了解运动

对身体的益处。这样不仅可以加深学生对知识的理解,还能培养他们的科学素养和实验能力。

(二)运用科研成果,优化教学方法

传统的教学方法往往注重知识的灌输和技能的模仿,而忽视了学生的主体性和创新性。运用科研成果优化教学方法,可以使学生更加主动地参与到学习中来,提高教学效果。可以借助虚拟现实(VR)技术,根据运动生物力学的科研成果,模拟真实的运动场景,让学生在虚拟环境中进行技能训练。这种沉浸式的教学方法不仅可以增强学生的体验感,还能帮助他们更好地理解运动技能和原理。同时,教师还可以利用大数据分析技术,对学生的运动表现进行实时监控和评估,为学生提供更加个性化、科学化的训练建议。此外,教师还可以采用项目式学习、翻转课堂等创新教学方法,鼓励学生自主探究、合作学习。在这个过程中,教师可以引导学生运用所学的科研成果解决实际问题,培养他们的实践能力和创新精神。

(三)以科研成果为支撑,完善教学评价体系

教学评价是检验教学效果的重要手段,也是促进学生全面发展的重要环节。将科研成果融入教学评价体系中,可以使评价更加科学、全面、客观。教师可以根据体育科学领域的科研成果,制定更加科学、合理的评价指标和标准。例如,可以结合运动生理学的科研成果,制定关于学生体能、运动技能等方面的具体评价指标;根据运动心理学的科研成果,制定关于学生心理素质、团队协作能力等方面的评价指标。同时,教师还可以利用大数据、人工智能等先进技术对学生的学习过程进行实时跟踪和记录,为每个学

生提供更加个性化、精准化的评价反馈。这样不仅可以帮助学生及时了解自己的学习状况和问题所在,还能为他们提供更有针对性的学习建议和指导。

二、科研成果转化为教学资源的路径

(一)直接融入教学内容

1. 科研成果与体育理论的深度融合

科研成果与体育理论的深度融合,是当前高校体育教学创新的重要方向。随着科学技术的飞速发展,体育科研领域涌现出大量具有前瞻性和实用性的研究成果。这些成果不仅揭示了运动训练的深层机制,还为体育教学提供了更为科学的理论支撑。要实现科研成果与体育理论的深度融合,首先要做的是对科研成果的深入挖掘和理解。高校体育教师需要密切关注体育科研的最新动态,及时捕捉那些对教学有指导意义的科研成果。例如,在运动生物力学、运动生理学等领域,新的研究成果可能会揭示出更高效的训练方法或更科学的恢复手段。在融合过程中,教师需要将这些科研成果与现有的体育理论相结合,形成更具时代性和科学性的教学内容。这不仅要求教师具备扎实的体育理论基础,还需要他们具备跨学科的知识整合能力。通过融合,教师可以向学生传授更为先进、更为科学的运动理念和训练方法,从而提高学生的运动表现和健康水平。此外,科研成果与体育理论的深度融合还有助于培养学生的科学素养和创新精神。当学生接触到这些前沿的科研成果时,他们的思维会被激发,对体育科学的兴趣也会更加浓厚。这种融合不仅提升了体育教学的质量,还为学生未来的学术研究和职业发展奠定了坚实的基础。

2. 科研成果在体育实践教学中的应用

在体育实践教学中,科研成果的应用显得至关重要,它不仅能提升训练效果,还能有效预防运动损伤,促进学生体育技能的全面发展。借助运动生物力学的科研成果,我们可以精确地分析学生的技术动作。例如,通过高速摄像机捕捉学生的运动轨迹,再利用专业的运动分析软件,对学生的动作进行量化评估。这种科学的分析方法能够帮助学生找出技术动作中的不足,从而进行有针对性的改进。此外,运动生理学的科研成果也为实践教学提供了有力支持。教师可以根据学生的心率、血氧饱和度等生理指标,科学制订训练计划,确保训练负荷既安全又有效。同时,结合营养学的最新研究成果,教师还可以为学生提供个性化的饮食建议,以支持他们的训练和恢复。心理学的科研成果在体育实践教学中同样不可或缺。教师可以通过心理干预手段,帮助学生调节赛前紧张情绪,提高他们的自信心和比赛表现。这种综合性的应用方式,充分体现了科研成果在体育实践教学中的多维度价值。

3. 以科研成果为导向的评价体系改革

以科研成果为导向的评价体系改革,是体育教育评价领域的一项重要创新。这一改革旨在打破传统以技能和体能为主导的单一评价模式,引入科研成果作为评价的新维度,从而更全面地评估学生的体育素养和综合能力。在此评价体系中,科研成果的融入不仅体现在对学生学术能力的考核上,更关注学生在体育科学领域的探索与实践。例如,学生参与的体育科研项目、发表的学术论文或取得的专利等,均可作为评价其学术素养和创新能力的重要指标。这种评价方式鼓励学生积极参与科研活动,培养其科学探究精神和团队协作能力。同时，以科研成果为导向的评价体系还强调跨学科知识的融合与应用。在评价过程中，不仅关注学生的体育专业技能，还注重其在运动科学、生物力学、运动生理学等跨学科领域的知识储备和应用能力。这种跨学科的评价方式有助于培养学生全面发展的素养，提升其未来在职场上的竞争力。

（二）开发创新性教学项目

1. 结合科研成果，设计前沿性教学项目

随着体育科学的不断发展，越来越多的科研成果涌现出来。这些成果不仅为体育教学提供了新的理论和方法，也为设计创新性教学项目提供了丰富的素材。因此，教师可以结合最新的科研成果，设计具有前沿性的教学项目。教师可以利用运动生物力学的研究成果，设计一个"优化运动技术"的项目。在这个项目中，学生可以利用运动生物力学的原理和方法，对自己的技术动作进行分析和优化。通过实际操作，学生不仅能够更深入地理解运动生物力学的知识，还能在实际运动中提升自己的技术水平和运动表现。此外，教师还可以利用运动生理学的科研成果，设计一个"个性化训练计划"的项目。在这个项目中，学生可以根据自己的生理特点和运动需求，制订个性化的训练计划。通过这种方式，学生可以更加科学地安排自己的训练内容和强度，提高训练效果和运动成绩。

2. 引入多元化学科知识

体育教学不仅仅局限于单一的体育学科知识，还可以与其他学科进行有机融合，打造出综合性的教学项目。这种项目不仅能够拓宽学生的知识视野，还能培养他们的跨学科思维和解决问题

的能力。教师可以与计算机科学专业合作,开发一个"智能运动分析系统"的项目。在这个项目中,学生可以利用计算机视觉和机器学习等技术,对运动视频进行自动分析和识别。通过这种方式,学生可以更加深入地了解运动技术的细节和规律,提高自己的技术分析能力。此外,教师还可以与医学专业合作,设计一个"运动损伤预防与康复"的项目。在这个项目中,学生可以学习运动损伤的预防和康复知识,了解运动损伤的发生机制和治疗方法。通过这种方式,学生不仅可以增强自己的运动安全意识,还能在实际运动中更好地保护自己。

3. 开发互动性教学项目

在传统的体育教学中,学生往往处于被动接受的状态。为了改变这种状况,教师可以开发互动性教学项目,注重学生的主体性和实践性。这种项目能够激发学生的学习兴趣和积极性,提高他们的自主学习能力和团队协作能力。教师可以设计一个"团队运动战术分析"的项目。在这个项目中,学生可以自由组队,选择一项团队运动进行战术分析和实践。通过团队协作和实战演练,学生可以更加深入地了解团队运动的战术原理和实战技巧,提高自己的团队协作能力和比赛表现。此外,教师还可以开发一些具有挑战性的教学项目,如户外拓展训练、定向越野等。这些项目不仅能够锻炼学生的身体素质和意志力,还能培养他们的冒险精神和团队协作能力。通过这种方式,学生可以更加全面地提升自己的综合素质和能力水平。

(三)构建科研与教学相结合的共享平台

1. 整合科研与教学资源

构建科研与教学相结合的共享平台,首要任务是整合现有的科研与教学资源。高校应建立一个集中的数据库，将体育科研成果、教学资料、实验数据等资源进行数字化处理并上传至数据库。这样，教师和学生可以随时随地访问这些资源，进行学习和研究。在数据库的建设过程中，需要注重资源的分类和标签化，以便用户能够快速准确地找到所需信息。同时，数据库还应支持多种格式的文件上传和下载，以满足不同用户的需求。此外，为了保障数据的安全性和稳定性，数据库应采用先进的数据加密和备份技术，确保用户数据的安全。通过共享数据库的建立，科研与教学之间的信息壁垒将被打破，资源的利用效率将大大提高，有助于推动体育科研和教学的深度融合。

2. 促进师生沟通与合作

构建科研与教学相结合的共享平台还需要搭建一个互动交流平台。这个平台可以为教师和学生提供一个在线讨论、交流和合作的空间，促进科研与教学的相互启发和共同进步。在互动交流平台上，教师可以发布自己的研究成果和教学心得，学生可以提出自己的疑问和观点。通过在线讨论、答疑解惑等方式，师生之间可以建立起紧密的联系和互动。这种互动不仅可以激发学生的学习兴趣和创新思维，还能帮助教师及时了解学生的学习情况和反馈意见，以便更好地调整教学策略和方法。同时，互动交流平台还可以为校内外专家、学者提供一个学术交流的渠道。通过邀请专家学者进行在线讲座、研讨会等活动，可以进一步拓宽师生的学术视野，推动体育科研和教学的创新发展。

3. 推动科研成果的转化应用

要构建科研与教学相结合的共享平台，还需要完善相应的激励机制。高校应设立专门的科研成果转化基金，鼓励教师和学生将科研成果应用于实际教学中。对于在教学实践中取得显著成效的科研成果,应给予相应的奖励和荣誉。此外,高校还应加强与产业界的合作与交流,推动科研成果的产业化进程。通过与企业合作开发新产品、新技术等方式,不仅可以为高校带来经济效益和社会效益,还能为学生提供更多的实践机会和就业渠道。同时,这种激励机制也能够促进教师之间的合作与竞争,形成良好的学术氛围。教师可以通过共享平台展示自己的研究成果,并争取到更多的资源和支持。这种竞争与合作并存的环境将有助于提升教师的科研能力和教学水平。

三、教师教学研究与科研成果转化的挑战与对策

(一)面对的主要困难与问题剖析

1. 传统教学理念与模式的束缚

长期以来,高校体育教学往往沿袭传统的教学理念与模式,这在一定程度上束缚了教学的创新与发展。传统的教学模式往往以教师为中心,侧重于知识技能的传授,而忽视了学生的主体地位和个性化需求。在这种模式下,学生的学习积极性难以被充分调动,创新思维和实践能力的培养也受到限制。同时,传统的教学理念也影响了教师对科研的认识和态度。一些教师可能认为科研是额外的工作负担,与教学无直接关联,因此对科研工作缺乏热情和投入。这种观念上的偏差不仅阻碍了教师科研能力的提升,也制约了科研成果在教学中的转化与应用。为了打破这种束缚,我们需要更新教学理念,转变教学模式,更加注重学生的主体地位和个性化需求,以及科研与教学的有机结合。

2. 科研与教学之间的隔阂

在高校体育教学中,科研与教学之间往往存在一定的隔阂,这主要体现在两个方面:一是科研内容与教学内容相脱节;二是科研方法与教学方法相分离。由于科研和教学的侧重点不同,很多科研成果难以直接转化为教学内容,导致科研与教学的脱节。此外,科研方法往往注重实验设计、数据分析和理论探讨,而教学方法则更注重实践操作和技能培养。这种科研方法与教学方法的分离也制约了科研成果在教学中的有效应用。为了消除这种隔阂,我们需要加强科研与教学的沟通与融合,探索将科研成果转化为教学内容的有效途径,以及将科研方法融入教学方法的创新方式。

3. 资源与支持体系的不足

在高校体育教学的创新与改革过程中,资源与支持体系的不足也是一个不容忽视的问题。这主要体现在以下几个方面:一是教学设备和场地资源的不足;二是科研资金和项目的缺乏;三是教师培训和学术交流的机会有限。教学设备和场地资源的不足直接影响了教学质量和科研实验的开展。科研资金和项目的缺乏则制约了教师科研工作的深入开展和科研成果的转化。同时,教师培训和学术交流的机会有限也限制了教师教学水平和科研能力的提升。为了解决这些问题,我们需要加大对教学和科研的投入力度,完善教学设备和场地资源建设,积极争取科研资金和项目支持,以及为教师提供更多的培训和学术交流机会。同时,我们还需要建立健全的教学与科研支持体系,为教师提供全方位的服务和保障,推动高校体育教学的创新与改革不断向前发展。

（二）提升教师科研与教学结合能力的途径

1. 加强科研与教学的理念融合

要提升教师科研与教学结合能力，首先需要加强科研与教学的理念融合。这意味着教师应认识到科研与教学是相互依存、相互促进的关系，而非孤立存在。科研可以为教学提供新的理论和方法，丰富教学内容，提高教学效果；而教学则能为科研提供实践场景和问题来源，促进科研的深入发展。为了实现这一理念融合，高校可以定期组织科研与教学的交流活动，鼓励教师分享科研成果和教学经验，探讨如何将科研成果融入教学实践。同时，高校还可以设置科研与教学结合的激励机制，如设立科研成果转化奖、教学创新奖等，以激发教师将科研与教学相结合的积极性。

2. 培养教师的跨学科研究能力

跨学科研究是推动科研与教学结合的重要途径。在高校体育教学中，许多问题往往需要多学科的知识和方法才能得到有效解决。因此，培养教师的跨学科研究能力至关重要。高校可以通过以下方式培养教师的跨学科研究能力：一是鼓励教师参加跨学科的研究项目，与不同学科背景的研究者合作，共同解决复杂问题；二是提供跨学科的研究资源和平台，如建立跨学科研究中心或实验室，为教师提供交流、合作的机会；三是加强跨学科研究的培训和教育，帮助教师掌握其他学科的基础知识和研究方法。通过培养跨学科研究能力，教师可以更全面地了解体育教学中的问题，运用多学科的知识和方法进行深入研究，并将研究成果应用于教学实践中，从而提升科研与教学结合的能力。

3. 完善科研与教学的评价机制

完善科研与教学的评价机制是提升教师科研与教学结合能力的制度保障。传统的评价机制往往将科研和教学作为两个独立的领域进行评价,这不利于激发教师将科研与教学相结合的积极性。因此,高校应建立科研与教学相结合的评价体系,将科研成果在教学中的应用效果、教学实践对科研的促进作用等纳入评价范围。同时,高校还应注重对教师科研与教学结合能力的综合评价,包括教师的跨学科研究能力、教学实践中的创新能力以及科研成果的转化能力等。此外,高校还可以建立学生评价机制,让学生对教师的教学效果进行评价,以此激励教师更加注重教学实践和科研成果的结合,提高教学效果。这种评价机制可以促使教师更加关注学生的学习需求和反馈,从而更好地将科研成果应用于教学实践中。在完善评价机制的同时,高校还应为教师提供必要的支持和资源,如科研资金、教学设备、学术交流机会等,以帮助教师提升科研与教学结合能力。这些支持和资源可以为教师创造更好的科研和教学环境,促进科研与教学的深度融合。

(三)建立有效的科研成果转化机制与支持体系

1. 科研成果转化机制的构建

科研成果转化机制的构建是推动科研成果应用的关键。应明确科研成果的所有权和使用权,以及科研成果转化的具体路径和方式。高校应制定详细的科研成果转化政策,鼓励教师和学生积极参与科研成果的转化工作。由于不是所有的科研成果都适合进行转化,因此需要对科研成果进行全面、客观的评估。评估过程中,应邀请行业专家、市场分析师等多方参与,确保评估结果的准确性和公正性。同时,根据评估结果,筛选出具有市场前景和商业价值的科研成果进行优先转化。通过设立科研成果转化奖励基金,对在科研成果转化过程中做出突出贡献的个人或团队进行表彰和奖励。同时,将科研成果转化成果作为教师职称评定、学生奖学金评定的重要依据,以此激发师生参与科研成果转化的积极性。

2. 支持体系的完善

完善的支持体系是科研成果转化的重要保障。高校应加强与政府、企业等外部机构的合作,共同构建科研成果转化的平台。通过政府引导、企业参与、高校支持的方式,形成产学研一体化的科研成果转化模式。高校应设立专门的科研成果转化基金,用于支持科研成果的评估、筛选、转化以及市场推广等工作。同时,积极争取政府、企业等外部资金的支持,形成多元化的资金来源渠道。高校应建立专门的科研成果转化服务机构,为师生提供科研成果转化的咨询、评估、推介等一站式服务。同时,加强与知识产权、法律、财务等专业服务机构的合作,为科研成果转化提供全方位的支持。

3. 人才培养与引进

人才是推动科研成果转化的关键因素。高校应注重培养具备科研成果转化能力的人才队伍。通过开设相关课程、组织实践活动等方式,增强学生的创新意识和实践能力,培养一批既懂技术又懂市场的复合型人才。同时,高校应积极引进外部优秀人才参与科研成果转化工作。通过校企合作、产学研合作等方式,吸引更多具有丰富实践经验和市场洞察力的专业人才加入科研成果转化团队,提升团队的整体实力。这些措施的实施将有助于推动高校体育科研成果的转化和应用,促进高校体育教学的创新与改革向更深层次发展。

参 考 文 献

[1]武银煜.信息化背景下高校体育信息技术教学改革创新途径探讨[J].文体用品与科技,2024,(08):112-114.

[2]渠海.终身体育视域下化工类院校体育教学改革:评《高校体育教学创新方法论》[J].化学工程,2024,52(03):107.

[3]徐海波.人工智能融入高校体育教学改革的创新路径[J].丽水学院学报,2024,46(02):123-128.

[4]武兴东,伊崇宇."金课"理念下高校体育普修课程的创新与改革策略研究[J].当代体育科技,2024,14(06):66-69+101.

[5]徐拥军,解欣."健康中国"背景下高校体育课程教学改革的机遇、困境与创新策略研究[J].辽宁体育科技,2024,46(01):129-134.

[6]高婧.我国高校体育教育改革模式创新分析[J].大学,2024,(02):125-128.

[7]常平.高校体育教学的发展与改革:评《高校体育教育创新理念与实践教学研究》[J].中国高校科技,2023,(12):121.

[8]陈录赐.适应"新医科"建设的高校体育育人模式创新研究[J].福建医科大学学报(社会科学版),2023,24(06):69-73.

[9]苏雯,刘冠男.高校体育教学面临的瓶颈及改革策略:评《高校体育教学理念及模式创新研究》[J].教育理论与实践,2023,43(24):2.

[10]孙小娟."互联网+"背景下高校体育教学改革与创新:评《互联网+体育:未来无限遐想》[J].中国科技论文,2023,18(08):954.

[11]张少净,王柯,陈泳秀.新发展格局下百色学院公共体育课程教学质量提升实践研究[J].当代体育科技,2023,13(23):56-59.

[12]刘健.健康育人视域下高校体育教学改革创新探究:评《休闲体育人才:以健康中国 2030 背景下海南高校人才培养为例》[J].中国教育学刊,2023,(05):152.

[13]张永壮.高校体育教育专业武术专修课改革分析:评《高校体育教育创新理念与实践教学研究》[J].中国高校科技,2023,(03):110.

[14]邓伟涛,孙玉林.基于体育技能竞赛的高职体育教学改革策略:评《高校体育教学理念及模式创新研究》[J].皮革科学与工程,2023,33(02):109.

[15]孙楠楠."健康中国"视域下高校体育课程教学改革的创新策略[J].科教导刊,2022,(32):62-64.DOI:10.16400/j.cnki.kjdk.2022.32.018.

[16]谷永娟,雷耀方."体教融合"背景下高校体育教育优化发展策略[J].教育教学论坛,2022,(37):141-144.

[17]蓝刚.新时代高校体育专业"双创"教学改革研究:评《高校体育创新思维的教学与实践》[J].中国高校科技,2022,(08):114.

[18]曲洺皞,曹连众.新时代高校体育专业培养体育产业创客路径探索[J].黑龙江高教研究,2022,40(09):106-111.

[19]吴明放.终身体育理念下高校体育教育改革创新探究[J].湖北开放职业学院学报,2022,35(12):16-17.

[20]潘佳,丁鼎.创新教育理念背景下的高校体育教学改革研究[J].当代体育科技,2022,12(17):49-52.

[21]代敏,刘国华.体教融合下高校体育教学改革探讨:评《高校体育教育创新理念与实践教学研究》[J].中国教育学刊,2022,(06):120.

[22]潘乐,黄志国.新理念教学视角下的体育教育改革创新:评《高校体育教育发展情况分析与改革研究》[J].中国教育学刊,2022,(05):127.

[23]黄程,梁宏明.终身体育理念下高校体育教学改革与创新[J].南宁师范大学学报(自然科学版),2022,39(01):207-210.

[24]卿凯丽.创新教学模式助力教育改革:评《高校体育教学的影响因素分析与改革探索》[J].山西财经大学学报,2022,44(03):132.

[25]李宝成,李靖.体育强国战略背景下高校体育教学现状及发展策略研究[J].文体用品与科技,2021,(21):133-135.

[26]崔克雄,葛耀.课程思政视角下高校体育教学改革创新:评《体育课程论》[J].热带作物学报,2021,42(10):3058.

[27]郭美娟.终身体育背景下的高校体育教学改革创新研究:评《高校体育教育:终身体育背景下的改革与发展》[J].中国高校科技,2021,(10):110.

[28]杜林阳.新媒体信息时代下新型高校体育教学改革路径初探[J].中国新通信,2021,23(19):223-224.

[29]姜宇航,孙宇.网络时代高校体育教学的改革创新[J].赤峰学院学报(自然科学版),2021,37(09):76-78.

[30]仲崇霞.高校体育与发展研究现状分析[J].文体用品与科技,2021,(18):52-53.